本书由乌鲁木齐职业大学资助出版

高等职业院校大学生中国特色社会主义理论认同教育研究

沈蕾 等 著

上海人民出版社

序

习近平总书记指出："在全面建设社会主义现代化国家新征程中，职业教育前途广阔、大有可为。"高职院校是我国职业教育体系中的重要组成部分，是构建现代职业教育体系的关键一环，是培养我国高层次应用型人才的摇篮。高职院校大学生是我国社会主义事业建设者和接班人。2022年，习近平总书记在党的二十大报告中指出："用党的科学理论武装青年，用党的初心使命感召青年。"

近一年里，中共中央办公厅、国务院办公厅印发了3份涉及职业教育的高规格文件，2021年10月《关于推动现代职业教育高质量发展的意见》，2022年10月《关于加强新时代高技能人才队伍建设的意见》，2022年12月《关于深化现代职业教育体系建设改革的意见》，强化了对职业教育发展的政策支持。

现代职业教育是我国中央和省、市、县、乡五级政权推动全面建设社会主义现代化国家的重要基础，是全面推进中华民族伟大复兴的重要载体。加强高职院校大学生中国特色社会主义理论认同教育研究是加强现代职业教育管理和改革的重要措施。按照为全面建设社会主义现代化国家而团结奋斗的要求，结合现代职业教育的建设现状，加强高职院校大学生中国特色社会主义理论认同研究，将是政府职业教育管理新的着力点。

《高等职业院校大学生中国特色社会主义理论认同教育研究》的主要内容包括以下几个部分：第一，高职院校大学生中国特色社会主义理论认同教育的理论基础。第二，高职院校大学生中国特色社会主义理论认同教育的历史发展和基本经验。第三，高职院校大学生中国特色社会主义理论认同教育的机制。第四，高职院校大学生中国特色社会主义理论认同教育现状及存在问题分析。第五，高职院校大学生中国特色社会主义理论认同的影响因素实证分析。第六，增强高职院校大学生中国特色社会主义理论认同教育实效性的对策建议。

本书经过研究后，得出以下结论：

第一，高职院校大学生中国特色社会主义的理论来源于马克思主义意识形态教育理论、中华优秀传统文化中的理论认同教育内容以及其他学科的借鉴等。第二，高职院校大学生中国特色社会主义理论认同教育的历史发展分为以"中国社会主义建设"为核心的认同教育阶段、以邓小平理论、"三个代表"重要思想和科学发展观为核心的认同教育阶段、中国特色社会主义理论体系认同教育阶段和习近平新时代中国特色社会主义思想认同教育等四个阶段，并获得坚持党的全面领导、落实立德树人根本任务、发挥教师主导和学生主体在教学中的协调作用等基本经验。第三，高职院校大学生中国特色社会主义理论认同存在着认知度低而认同度高，教育途径和载体多样化等特点。借助结构方程模型分析发现，思想政治理论课和日常思想政治教育对大学生中国特色社会主义理论认同具有显著的积极影响，而思想政治理论课和日常思想政治教育协同对理论认同的正向影响不显著。第四，高职院校大学生中国特色社会主义理论认同教育包括思想政治观念教育、中国特色社会主义理论教育、精神品格教育等形态。第五，高职院校大学生中国特色社会主义理论认同教育需要探索探究式教学、情感体验式教学、参与式教学、混合式教学和实践教学等方法，并将这些教学方法在思政课中加以运用。第六，加强高职院校大学生中国特色社会主义理论认同教育，需要进行理论整合、队伍建设、教育机制建设等。

《高等职业院校大学生中国特色社会主义理论认同教育研究》，是现代职业教育管理体制改革的必然选择，研究聚焦思想政治教育教学内容、教学方法和体制机制创新以及教师队伍建设，提出增强大学生中国特色社会主义理论认同的对策建议，有助于推动思想政治教育教学改革，为提高"理论体系"教学实效性提供参考，对培养大学生正确的理想、信念，自觉投身到中国特色社会主义伟大实践具有重要的实际应用价值和现实意义。《高等职业院校大学生中国特色社会主义理论认同教育研究》是一项涉及社会和现代职业教育的具有前瞻性、战略性的研究，既注重从理论到实践的联系，又注重从实践到理论的联系以及对于决策的参考和实用价值；不仅注重现实，更注重长远，强调了可行性和实际应用。

本书主要有以下研究应用和理论探索：

一是为我国高职院校大学生中国特色社会主义理论认同教育研究提供实践依据和研究基础。

二是全面、系统地分析高职院校大学生中国特色社会主义理论认同教育的情况、发展，详细剖析高职院校大学生中国特色社会主义理论认同教育存在的问题及其原因。

三是重点分析高职院校中国特色社会主义理论认同的机制，为优化高职院校大学生对中国特色社会主义理论认同教育的成效奠定理论基础，为加强高职院校中国特色社会主义理论认同教育的实效性和针对性奠定基础。

四是通过问卷调查，对高职院校大学生中国特色社会主义理论认同现状及其影响因素进行实证分析。

五是从高职院校大学生具有的认知特点和规律出发，提出有效的教育内容、教育方法、教育途径载体、教师队伍建设、教育环境和教育机制建设的对策建议，这是新时代中国特色社会主义理论认同教育的创新。

应该说，《高等职业院校大学生中国特色社会主义理论认同教育研究》一书不仅是一部理论著作，也是一部认真总结国内现代职业教育改革经验和教训的实践思考，对在全面建设社会主义现代化国家背景下如何构建新的现代职业教育具有重要的参考价值。难能可贵的是，该书探索构建新型的现代职业教育管理，是在总结各地实践经验和理论研究的基础上向前更进一步。

　　总之，该书全面深刻地论述了高职院校大学生中国特色社会主义理论认同教育研究的各方面内容，是一本理论联系实际的好书，也是高校、企事业单位和科研院所开展相关研究的实用工具书，能够为各级政府的教育和宣传部门出台思想政治教育政策提供有益参考。

李润芝

2023 年 2 月 6 日

目　录

第一章　导论

一、研究背景与价值

（一）研究背景

2017 年，习近平总书记在党的十九大报告中提出："中国特色社会主义理论体系（以下简称"理论体系"）是指导党和人民实现中华民族伟大复兴的正确理论。"[1] 2018 年，习近平总书记在庆祝改革开放 40 周年的讲话中指出："改革开放 40 年来，我们党全部理论和实践的主题是坚持和发展中国特色社会主义。"[2] 2021 年，习近平总书记在庆祝建党 100 周年大会上的讲话强调："必须坚持和发展中国特色社会主义，坚持党的基本理论、基本路线、基本方略，在自己选择的道路上昂首阔步走下去，把中国发展进步的命运牢牢掌握在自己手中。"[3] 2022 年，习近平总书记在党的二十大报告中指出："用党的科学理论武装青年，用党的初心使命感召青年。"[4]

一方面，不断推进马克思主义中国化时代化是高职院校的重大政治任务。中国特色社会主义理论体系是党的十七大提出的新概念，指包括邓小平理论、"三个代表"重要思想、科学发展观和习近平新时代中国特色社会主义思想在内的科学体系。中国特色社会主义理论体系指导着我国改革开放和中国特色社会主义伟大实践，为全国各族人民昂首阔步地走在中国特色社会主义道路上提供了共同的思想基础，为实现中华民族伟大复兴提供了强大的思想武器。党的十七大将开展中国特色社会主义理论体系宣传普及活动，推动当代马克思主义大众化作为重大政治任务[5]。党的十八大提出："要推进马克思主义中国化时代化大众化，坚持不懈地用中国特色社会主义理论体系武装全党、教育人民。"[6] 2022年，中国共产党第二十次全国代表大会通过的《中国共产党章程（修正案）》指出：习近平新时代中国特色社会主义思想是中国特色社会主义理论体系的重要组成部分，是全党全国人民为实现中华民族伟大复兴而奋斗的行动指南，必须长期坚持并不断发展[7]。高职院校承担着培养中国特色社会主义事业建设者和接班人，培养担当民族复兴大任时代新人的重任，推动"理论体系"进教材进课堂进头脑，尤其是用习近平新时代中国特色社会主义思想武装大学生头脑是高职院校当前首要的政治任务，有助于推动马克思主义中国化进程，增强大学生对中国特色社会主义的认同。

另一方面，加强高职院校意识形态工作是落实"立德树人"根本任务的要求和途径。当前，我国正处于世界百年未有之大变局，在世界新旧力量的博弈过程中，西方国家对我国继续实施西化、分化的战略，利用互联网向高职院校大学生传播各种文化思潮，通过意识形态的渗透输入西方的"民主化"价值观，对我国高职院校意识形态安全构成了严重威胁。为了巩固高职院校意识形态工作，系统、科学地开展"理论体系"的宣传和教育，不断增强大学生对"理论体系"的认同，坚定"四个自信"，有助于增强高职院校大学生做中国人的志气、骨气、底气，引导大学生将自己的青春热血融入中国特色社会主义事业中去，成为实现中华民族伟大复兴的主力军。

（二）研究价值

1. 理论价值

第一，在马克思主义以及马克思主义中国化理论基础之上，借鉴思想政治教育接受理论、思想政治教育系统论，对中国特色社会主义理论认同教育（以下简称"理论认同教育"）的概念进行前提性梳理，探讨"理论认同"与"理论认同教育"之间的辩证关系，在梳理高职院校大学生理论认同教育经历的教育阶段以及总结基本经验基础上，探讨高职院校大学生理论认同教育的作用机制，夯实理论认同教育的理论根基，有助于丰富和发展思想政治教育的基础理论，也有助于思想政治教育学和心理学等研究领域的进一步拓展，深化对马克思主义中国化时代化的研究。

第二，通过问卷调查把脉高职院校大学生理论认同教育的现状及存在的问题，通过构建结构方程和 Logistic 模型，测算教育途径、人口属性、主观态度和政治观等不同因素对高职院校大学生理论认同的影响效应，研究方法有所创新，有助于深化高职院校大学生理论认同教育的系统研究和理论认识，为新时代思想政治教育改革与创新提供理论和价值借鉴。

2. 实践价值

第一，"意识形态关乎旗帜、关乎道路、关乎国家政治安全"，本研究对于坚定大学生的理想和信仰，引导大学生成为传播、继承和发展"理论体系"的生力军，成为担当民族复兴重任的时代新人具有重要的现实意义和应用价值。

第二，聚焦思想政治教育教学内容、教学方法和体制机制创新以及教师队伍建设，提出增强大学生中国特色社会主义理论认同的对策建议，有助于推动思想政治教育教学改革，为提高"理论体系"教学实效性提供参考，对培养大学生正确的理想、信念，自觉投身到中国特色社会主义伟大实践中具有重要的实际应用价值和现实意义。

二、研究现状述评

（一）研究方法与数据

1. 研究方法

选用 Citespace 5.7.R2 分析工具，对大学生中国特色社会主义理论认同教育研究文献的作者、机构、关键词进行可视化分析，厘清这一领域相关研究脉络和研究热点，为后续研究者提供预测性的经验参考。

2. 数据来源

以"大学生"并含"中国特色社会主义理论认同教育"为主题在中国知网进行精准检索，时间设置为 2007—2022 年，期刊来源设置为全部期刊，设定检索日期为 2022 年 11 月 10 日，进行文献析出，得到 155 篇有效文献。

3. 数据处理

在中国知网导出 Refworks 格式参考文献，使用 Citespace 5.7.R2 软件进行转换，并导入数据，将时间跨度设置为 2007—2022 年，时间切片设置为 1，选择"pathfinder"算法，按照"pruning the merged network"进行运算。

（二）文献整体态势分析

1. 研究作者分布

该研究领域作者图谱共获得结点 134 个（作者），连线 25 条（合作关系），选取发文频次在 2 以上的作者为 13 位，朱正昌、沈蕾、王丹的贡献值排在前三，该领域的高产作者数量很少，显示出仍有较大的研究空间。

表 1-1　2007—2022 年大学生中国特色社会主义理论认同教育研究
的作者（频次≥2）

序号	频次	作者	年份
1	15	朱正昌	2007
2	4	沈蕾	2021
3	3	王丹	2014
4	2	甘日栋	2010
5	2	邓军彪	2010
6	2	韩柱	2009
7	2	徐瑞鸿	2017
8	2	郑嘉禹	2021
9	2	于冬梅	2012
10	2	黄盛	2008

序号	频次	作者	年份
11	2	佘双好	2016
12	2	王国旗	2015
13	2	杨静	2014

通过作者合作图谱分析可知（见图1-1），其密度为0.0028，因此，可以得出该领域作者之间合作的程度较低，各自之间相互较为独立，仅在小范围形成研究团队，其中，沈蕾与郑嘉禹、王阿盈、王雪萍、佘双好与李秀，邓军彪与甘日栋，黄盛与刘霞等形成小规模的研究团队，其他作者间仍旧较为分散，尚未形成较为紧密的有影响力的团队。

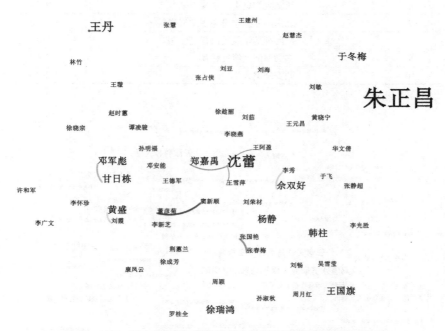

图1-1　2007—2022年大学生中国特色社会主义理论认同教育研究作者图谱

2. 研究机构分布

该研究领域机构图谱共获得结点118个（机构），14条连线（合作关系），密度为 0.002，整理发文机构排序（见表 1-2），机构发文频次越高则该机构对大学生中国特色社会主义理论认同教育研究贡献度越高，目前，乌鲁木齐职业大学马克思主义学院、天津科技大学、云南大学马克思主义学院是该领域贡献值排名前三的机构，主要研究力量集中在高校。

表 1-2　2007—2022 年大学生中国特色社会主义理论认同教育研究发文机构前 10 名排序

序号	频次	机构	年份
1	3	乌鲁木齐职业大学马克思主义学院	2021
2	3	天津科技大学	2013
3	3	云南大学马克思主义学院	2015
4	2	大连外国语大学	2014
5	2	广西大化县组织部	2010
6	2	新疆大学马克思主义学院	2021
7	2	北京师范大学马克思主义学院	2015
8	2	广西师范学院经济管理学院	2010
9	2	中国海洋大学社科部	2008
10	2	西安邮电大学	2015

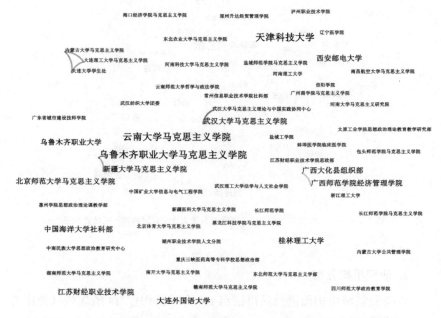

图 1-2　2007—2022 年大学生中国特色社会主义理论认同教育研究机构合作网络图谱

通过机构合作网络图谱分析可知（见图 1-2），该领域机构间合作较为松散，尚未形成紧密合作的关系，仅在局部地区形成聚类分布，其中，乌鲁木齐职业大学马克思主义学院与新疆大学马克思主义学院、武汉大学马克思主义学院与武汉大学马克思主义理论与中国实践协同中心等分别形成相对稳定的合作关系，由此可以看出，国内研究大学生中国特色社会主义理论认同教育的机构较少，缺乏知名院校及研究机构，该领域可供研究的空间较大。

（三）研究领域热点分布

1. 主题词及关键词的分布

利用 Citespace 对大学生中国特色社会主义理论认同教育研究关键词进行图谱分析，获取 200 个节点，272 条连线，密度为 0.0137，表明该领域各关键词之间的关联度较高。

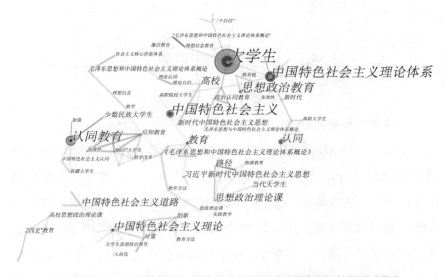

图 1-3　2007—2022 年大学生中国特色社会主义理论认同教育研究关键词共现图谱

结合社会主义意识形态建设关键词共现分析图谱（见图 1-3）与排名前 13 的高频关键词（见表 1-3）进行分析，图谱中节点的大小与关键词共线频次呈正相关，可以得出大学生中国特色社会主义理论认同教育研究主要围绕大学生（50）、中国特色社会主义（23）、中国特色社会主义理论体系（23）、认同教育（20）、思想政治教育（16）等方面进行研究和讨论。

表 1-3　2007—2022 年大学生中国特色社会主义理论认同教育研究的高频关键词（频次≥5）

序号	频次	中心性	关键词	年份
1	50	0.36	大学生	2009
2	23	0.2	中国特色社会主义	2012
3	23	0.22	中国特色社会主义理论体系	2008
4	20	0.15	认同教育	2014
5	16	0.24	思想政治教育	2008
6	12	0.25	中国特色社会主义理论	2008
7	11	0.15	认同	2014
8	10	0.39	教育	2012
9	8	0.23	中国特色社会主义道路	2008
10	8	0.32	高校	2010
11	8	0.38	思想政治理论课	2010
12	6	0.2	路径	2014
13	5	0.05	习近平新时代中国特色社会主义思想	2018

2. 关键词聚类分析

根据大学生中国特色社会主义理论认同教育研究关键词聚类图谱（见图 5）可知，该网络的模块化程度为 0.8492，聚类平均轮廓值 S 为 0.9697，平均剪影（Q，S）为 0.9054，关键词共同引用集群合理显著，参考价值较高，共形成 10 个聚类，识别词分别为中国特色社会主义理论体系、高校、大学生、中国特色社会主义理论、理论与实践、"90 后"大学生、开放教育、情感教育、当代中国马克思主义和认同教育。

#0 聚类识别词为中国特色社会主义理论体系。该聚类下提取出的特征词为认同、影响因素、新自由主义、实现路径。#1 聚类识别词为

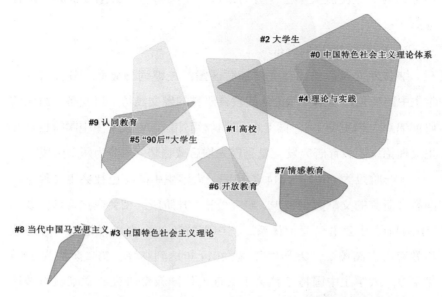

图 1-4 2007—2022 年大学生中国特色社会主义理论认同教育研究关键词聚类图谱

高校。该聚类下提取出的特征词为中国特色社会主义、理论认同、认同教育规律、习近平新时代中国特色社会主义思想。#2 聚类识别词为大学生。该聚类下提取出的特征词为实践路径、公民意识教育、实践、"三个自信"。#3 聚类识别词为中国特色社会主义理论。该聚类下提取出的特征词为大学生思想政治素质、大学生思想政治教育、新时期、中国特色社会主义道路。#4 聚类识别词为理论与实践。该聚类下提取出的特征词为大学生理想信念教育、学生社团、新时代、政治实践。#5 聚类识别词为"90 后"大学生。该聚类下提取出的特征词为教学实效性、教学改革、思想特点、大学生。#6 聚类识别词为开放教育。该聚类下提取出的特征词为思维方式、思政理论课、实践教学、制度建设。#7 聚类识别词为情感教育。该聚类下提取出的特征词为教学实效、教育实践、思想政治理论课、幸福观。#8 聚类识别词为当代中国马克思主义。该聚类下提取出的特征词为理论教育、高校思想政治理论课、重要结合点、大学生。#9 聚类识别词为认同教育。该聚类下提取出的特征词为少数民族大学生、行为维度、中国特色社会主义认同、路径选择。

3. 关键词时间区间分布

结合发文量趋势图、关键词时区图、关键词凸显词，分析研究大学生中国特色社会主义理论认同教育研究的发文趋势，以及各个阶段的研究热点。根据图1-5、图1-6、图1-7可知，国内大学生中国特色社会主义理论认同教育研究发文量呈现先增后减趋势，可分为两个阶段。

第一阶段为2007—2014年初期，大学生中国特色社会主义理论认同教育研究的文献数量较少，研究处于上升阶段，相关热点视域主要为"中国特色社会主义理论体系"、"中国特色社会主义理论"、"思想政治教育"、"高校"、"大学生"，在2014年达到高峰。第二阶段为2015年至今，大学生中国特色社会主义理论认同教育研究的文献数量波段下降，研究处于下降阶段，相关热点视域主要为"认同教育"、"有效性"、"思想政治课"、"习近平新时代中国特色社会主义思想"等领域。

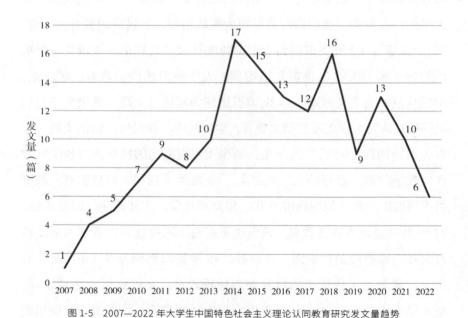

图1-5　2007—2022年大学生中国特色社会主义理论认同教育研究发文量趋势

（四）国内研究现状

1. 关于"理论体系"的研究

（1）关于"理论体系"的形成

研究的切入点有"理论体系"的形成起点，形成与发展轨迹，形成与发展的阶段性和思想来源，形成的国际背景与实践基础以及具体条件等等。赵曜（2008）分析了"理论体系"形成的时代背景和实践基础[8]。齐卫平（2022）[9]、韩喜平、刘一帆（2022）[10]等分析了邓小平理论、"三个代表"重要思想和科学发展观，尤其是习近平新时代中国特色社会主义思想在"理论体系"中的地位和作用。秦刚（2009）[11]、徐崇温（2009）[12]等研究了"理论体系"形成的思想基

关键词		时间起止			2007—2022
中国特色社会主义理论体系	2007	3.54	**2008**	2010	
中国特色社会主义理论	2007	2.87	**2008**	2012	
思想政治教育	2007	1.48	**2008**	2010	
高校	2007	1.25	**2010**	2011	
创新	2007	1.09	**2011**	2012	
教育方法	2007	1.06	**2011**	2013	
有效性	2007	1.04	**2013**	2014	
认同	2007	2.02	**2014**	2018	
中国特色社会主义	2007	1.97	**2014**	2016	
路径	2007	1.47	**2014**	2018	
加强	2007	1.16	**2014**	2014	
"三个自信"	2007	1.21	**2015**	2015	
教育	2007	1.95	**2016**	2017	
廉洁教育	2007	1.08	**2016**	2017	
中国特色社会主义道路	2007	1.65	**2017**	2019	
教育链	2007	1.05	**2017**	2018	
新时代中国特色社会主义思想	2007	1.59	**2018**	2022	
实效性	2007	1.22	**2018**	2018	
新时代	2007	1.46	**2019**	2022	
习近平新时代中国特色社会主义思想	2007	2.05	**2020**	2022	
"四史"教育	2007	1.75	**2021**	2022	
高职大学生	2007	1.24	**2021**	2022	
高职院校大学生	2007	1.24	**2021**	2022	

图 1-6　2007—2022 年大学生中国特色社会主义理论认同教育研究排名前 23 名凸显词

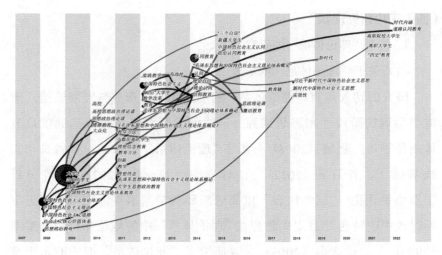

图 1-7　2007—2022 年大学生中国特色社会主义理论认同教育研究关键词时区

础、实践基础以及不同阶段理论成果之间的关系。王爱平（2008）[13]等研究了"理论体系"形成的阶段性，有三阶段、四阶段、五阶段和六阶段等不同的划分方法。李曼（2020）等学者对新时代视域下中国特色社会主义理论体系的历史地位进行了深入分析[14]。

（2）关于"理论体系"的主要内容和结构体系

赵曜（2008）等认为"理论体系"包括理论的主题、主线、理论基础和哲学基础，核心内容和核心思想，基本理论和重要观点等四个层次十二个方面的内容[15]。严书翰（2009）从基本内涵理论、总体布局理论和实现条件理论三个层面概括出十四个方面的内容[16]。孙堂厚（2009）将理论体系概括为三大板块、十二个方面的内容[17]，上述学者大多从逻辑结构划分理论体系的层次。此外，贾建芳从理论精髓、基石和主线三个方面划分理论体系的逻辑结构[18]。聂运麟（2008）将理论体系划分为哲学基础、基本原理、基本路线、基本纲领和重要范畴五个层次[19]。顾海良（2009）等认为理论体系的逻辑结构包括三层，分别是第一层的马克思列宁主义、毛泽东思想；第二层的"理论体系"；第三层的党的基本路线、基本纲领、宝贵经验[20]。

从内容结构上看，秦刚（2009）从一个主题和三大基本问题出发将"理论体系"概括为十四个方面的内容[21]。荣开明（2007）认为"理论体系"主要围绕有关马克思主义、社会主义发展和党的建设三个问题建构[22]。庄前生（2006）认为"理论体系"主要围绕为什么走社会主义道路，什么是社会主义，怎样建设社会主义以及建设什么样的社会主义展开[23]。

（3）关于"理论体系"的特点

学者概括出的"理论体系"特点是不同的，郑又贤（2008）等认为"理论体系"具有理论性与实践性、普遍性与特殊性、传承性与创新性、科学性与人民性、时代性与民族性辩证统一等特点[24]。史家亮（2008）等认为"理论体系"具有理论渊源的继承性、理论品质的创新性、理论风格的民族性和价值取向的人民性等特点[25]。韩振峰（2008）对"理论体系"的经济特色、政治特色和文化特色进行分析[26]。何毅亭（2007）认为"理论体系"具有兼容性、辐射力和时代性、开放性等特点[27]。而谭顺（2021）对"理论体系"的特色内涵[28]，黄小兵、朱绍英（2022）等对"理论体系"的价值特色进行了深入研究[29]。

此外，还有关于"理论体系"与毛泽东思想的关系，"理论体系"的历史地位和意义等方面的研究。

2. 关于大学生对中国特色社会主义理论认同的研究

（1）关于中国特色社会主义理论认同的内涵

羊展文（2017）等首先对认同进行了界定，把它看作是认同客体相对于认同主体具有的价值与意义，以及认同主体对客体具有的价值、意义的认可、接受并内化为行为的过程[30]。吴雪莹（2018）等认为大学生中国特色社会主义理论认同是指大学生通过课堂教学、网络等多种途径认知、接受"理论体系"，并用以指导自己的生活工作实践。大学生"理论认同"可以分为认知、接受和内化于心、外化于行三个层层递进的阶段[31]。邢鹏飞（2019）认为大学生中国特色社会主义理论体系认同是"大学生在对'理论体系'内容了解和主观评价基础上，对其理论观点、主张产生的正向性心理归属、情感倾向和价值认可"。"理论认同"是一个动态过程，是在社会实践中主客观因素相互作用的结果，对人们的思想和行为具有巨大的推动和导向作用[32]。

（2）关于中国特色社会主义理论认同形成机制

林竹（2017）等学者认为中国特色社会主义理论认同机制由内化机制和外化机制构成。内化机制就是通过学习、培训等教育因素，网络、社会、家庭等环境因素的引导，认同主体由浅入深地整体把握"理论体系"的基础，主动接受和认可"理论体系"的过程。外化机制就是认同主体在接受"理论体系"的支配和引导下，在长期的社会实践中践行内化的价值观念，并逐渐形成行为习惯的过程[33]。邢鹏飞（2019）认为大学生"理论体系认同"机制是大学生内在思想转化和外部影响因素相互作用的过程和结果，其中内在思想转化机制分析大学生"理论认同"要经历一系列从信息获取—认知认同—情感认同—价值认同的心理过程，并对四个心理过程的机制进行研究，即："理论体系"信息获取机制、认知认同机制、情感认同机制和价值认同机制。"理论认同"转化提升机制是指政治观、生活满意度和人生观对"理论认同"的影响机制。刘洁（2015）等从思想政治教育接受视角来研究"理论体系"认同问题，主要研究"理论体系"的接受系统和接受机制。接受系统就是接受主体与客体、教育主体、接受媒体、接受环境之间的内在联系和双向互动，接受机制包括大学生理论体系接受的个体机制和社会机制[34]。

（3）大学生获得中国特色社会主义理论体系途径和载体研究

佘双好、李秀（2016）研究思想政治教育途径、载体和方法之间的关系。通过问卷调查，佘双好发现大学生对政治理论的信息关注度不高，获取政治理论信息倾向于网络和书籍两条途径，尽管使用网络更多，但是更信任书籍，大学生更愿意通过阅读国际国内时事政治、各种社会思潮的书籍来获得政治理论信息，较少选择专业性政治理论书籍、经典政治著作来获得政治理论信息，学校对大学生思想观念形成的影响没有家庭环境和日常生活影响大[35][36]。于欧（2017）等研究发现中国特色社会主义理论体系普及对象对网络载体的关注度和信任度不高，传统载体仍是重要的政治理论信息获取工具，权威载体传播的思想政治信息更被信任，电影电视发挥作用有限，典型人物和实践活动作为生动具体的载体形式获得的评价较高。此外，"中国梦"、"从500年历史跨度角度讲述社会主义"等形象化、以历史和传统文化为载体普及"理论体系"的方式得到高度认同。"理论体系"在不同群体中普及呈现出不同特点，不同群体运用"理论体系"普及载体呈现不平衡现象[37]。

（4）关于中国特色社会主义理论认同实证研究

为了评价"理论体系"接受效果，刘洁（2015）构建评价指标体系，运用SPSS软件对当代大学生理论体系接受的总体情况进行描述性统计和差异性分析，对问卷的信度和效度进行了检验[38]。徐瑞鸿（2017）依据思想政治教育过程中教育目标、过程及运行机制等中间环节之间发生的纵向承接与延续关系、横向的协作与制约关系及其规律，界定"教育链"、"大学生中国特色社会主义理论体系教育链"的概念，并且从教育过程出发，将大学生理论体系教育链分解成目标链和流程链，建构大学生理论体系教育链结构方程模型，分析教育链主要环节之间的相互关系，并且发现存在的问题。这个研究创新之处就在于通过实证研究验证教育链的内涵、结构和机制的理论假设[39]。邢鹏飞（2019）通过线性回归分析、相关性分析研究中国特色社会主义理论体系知晓度与认知认同度、情感认同度和价值认同度之间的关系，政治观、生活满意度和人生观与中国特色社会主义总体认同度之间的关系[40]。

3. 关于中国特色社会主义理论认同教育的研究

（1）中国特色社会主义理论体系教育的内容

李丹、迟海晟、张秋辉（2014）等认为中国特色社会主义理论体系教育内容不仅包括"理论体系"，还包括"理论体系"中贯穿的科学社会主义的基本原则以及精神实质[41]。

（2）中国特色社会主义理论教育的意义

万美容（2010）等认为中国特色社会主义理论教育有助于增强大

学生对社会主义的认同，抵御西方敌对势力的思想渗透[42]。任仲平（2008）等认为用中国特色社会主义理论体系武装全党、教育人民是坚持中国特色社会主义道路的内在要求，是夺取全面建设小康社会新胜利的强大动力，是加强党的建设的战略举措[43]。刘海（2015）等认为高校开展中国特色社会主义理论教育是由高校地位、国际国内环境影响、社会主义建设和大学生自身发展需要所决定[44]。范全欢、李盼盼（2016）等认为"理论体系"是中国特色社会主义建设的理论指导，中国特色社会主义理论教育是大学生综合素质教育的重要组成部分，是培养学生社会主义归属感与荣誉感的基础[45]。曾光霞（2010）等认为高校开展中国特色社会主义理论教育有助于引导大学生形成马克思主义的世界观、人生观和价值观，从而成为建设中国特色社会主义合格的人才[46]。邢鹏飞（2019）提出大学生"理论体系认同"总体上呈现低知识知晓、高心理认同、低情感倾向、高价值认可、鲜有信仰的特点[47]。此外，刘森（2013）[48]、于飞（2008）[49]、赵旌旌（2010）[50]等认为在高校推进"理论体系""三进"是高校培养中国特色社会主义合格建设者和可靠接班人的需要，是正确应对国际国内形势的需要，是加强高校思想政治教育工作的内在要求。

（3）中国特色社会主义理论教育的历史演进和经验研究

邢鹏飞（2019）[51]、刘茹（2021）[52]等将大学生中国特色社会主义理论教育的历史演进分为四个阶段，即：以中国特色社会主义建设为核心的认同教育、以邓小平建设有中国特色社会主义理论为核心内容的认同教育，以邓小平理论、"三个代表"重要思想和科学发展观为核心内容的认同教育和以习近平新时代中国特色社会主义思想为核心内容的认同教育。苏星鸿（2010）等将中国特色社会主义理论教育分为改革开放初期（1978—1989年）、改革开放发展期（1989—2002年）和改革开放关键期（2002年以来）等三个时期[53]。邢鹏飞从党委统筹与各部门协调配合、主渠道教育与其他教育途径相结合、教学教改教研相统一、发挥教师主导作用与学生主体作用相统一、改革完善考评体系等五方面总结认同教育经验。陈占安（2020）通过回顾"毛泽东思想和中国特色社会主义理论体系概论"教材 15 年的发展历程，总结教材建设的经验[54]。

（4）中国特色社会主义理论教育的现状与问题研究

刘海（2015）等总结坚持中国特色社会主义理论在意识形态领域指导地位、加强马克思主义理论学科建设、推进中国特色社会主义理论普及以及完善思想政治理论体系等方面取得的成绩，并从"理论体系"教育的理论本源、思政课主渠道、教师队伍建设和机制建设入手分析高校理论体系教育存在的问题[55]。韩玉霞（2010）等对农村中国特色社会主义理论教育现状开展调查和分析，重点研究农民对理论体系基本内容的知晓度、学习意愿、方式以及对惠农政策的满意度，村委会组织中国特色社会主义理论教育情况等，并且总结出农村理论体系教育存在农民文化程度低，学习主体意识弱，理论宣传教育缺乏切入点，重形式不深入等问题[56]。佘双好（2018）[57]、邢鹏飞（2019）[58]、李秀（2017）[59]、吴雪莹（2018）[60]等面向全国多地大学生发放调查问卷进行调研，发现大多数大学生比较认同中国特色社会主义理论，赞成党的理论、方针和政策，但是存在对中国特色社会主义理论掌握不全面不深入，行为认同不实，情感认同不太牢固，价值追求不够坚定，知行不一，理论接受方式传统、被动等问题。韩柱（2010）[61]、刘森（2013）[62]、赵旌旌（2010）[63]等认为高校推动中国特色社会主义理论体系"三进"过程中存在教育实效不突出、教育机制不健全、教育载体不丰富等问题。

（5）加强中国特色社会主义理论教育的对策

韩柱（2010）等从构建网络话语权、实践活动、人才培养、运行保障机制等宏观层面提出加强"理论教育"的对策[64]。刘海（2015）等从发挥主渠道和日常思想政治教育作用，利用网络平台和多种教学方法、健全机制等方面提出对策建议[65]。韩玉霞（2010）从加强农民基础文化教育、教育内容和方式、方法创新，加强理论教育队伍建设三个方面提出对策[66]。郜凤琳（2012）提出要坚持正确前进方向，创新社会主义的中国特色，准确把握青少年中国特色社会主义理论教育的重点[67]。林竹（2017）等提出发挥全过程全方位协同效应，突出认知认同教育、情感认同教育和行为认同教育[68]。徐柏才（2009）[69]、朱逸铮（2015）[70]等学者提出推进中国特色社会主义理论体系"三进"要创新教育理念、教学方法和教学模式，加强社会实践，完善教学保障机制。此外，佘双好（2020）[71]、胡芳（2022）[72]、邢鹏飞（2019）[73]等从思政课，尤其是"毛泽东思想和中国特色社会主义理论体系概论"教学体系构建、教学方法创新、教学质量评价、教学关系的处理等微观层面提出加强理论体系教育，推进习近平新时代中国特色社会主义思想"三进"的对策。

4. 关于认同教育等方面的研究

（1）政治认同教育研究

邱杰（2014）[74]、元修成（2015）[75]等聚焦大学生政治认同教育问题，通过对大学生政治认同教育历史考察、经验总结，分析大学生政治认同现状、存在的问题及成因，提出优化政治认同教育的对策建议。常轶军（2018）从促进国家治理体系和治理能力现代化、坚持马克思主义在意识形态领域的指导地位和增强"四个自信"等方面巩固中国特色社会主义政治认同[76]。

（2）道路认同教育研究

辛志军（2018）[77]等梳理当代大学生中国特色社会主义道路认同教育七个方面的内容，分析大学生对中国特色社会主义发展道路和制度、发展目标等方面主流认同现状、存在的问题以及影响因素，在总结社会主义道路认同教育历史沿革与成功经验，借鉴发达资本主义国家道路认同教育启示基础上，提出提高当代大学生中国特色社会主义道路认同教育实效性的途径。陈春丽（2017）[78]、黄晓宁（2019）等[79]分析大学生中国特色社会主义道路认同现状、存在问题以及成因，从加强民主政治建设、党的建设、完善教育内容、拓宽教育渠道、优化教育环境、开展实践活动等方面提出强化道路认同教育的对策。

（3）制度认同教育研究

康惠（2021）等剖析中国特色社会主义制度认同教育（以下简称"制度认同教育"）面临的有利条件和困难挑战，阐述新时代中国特色社会主义制度的理论认同教育、实践认同教育、优势认同教育、价值认同教育等内容，分析制度认同教育的原则、载体和方法，提出通过课程教学、实践体验、文化环境涵养、科学管理和网络育人等制度认同教育路径[80]。郭莉（2015）等分析制度认同教育的阻抗因素，梳理制度认同教育中"科学认同"、"价值认同"、"情感认同"和"制度认同"四个方面的内容，提出有效实施中国特色社会主义制度的历史发展教育、科学理论教育、实践成效教育、比较优势教育和舆论引导教育[81]等对策建议。

（4）国家认同教育研究

吴艳华（2016）等回顾新疆少数民族大学生国家认同教育的历史，总结基本经验，分析新疆少数民族大学生国家认同现状及国家认同教育存在的突出问题，梳理开展国家认同教育需要科学把握的三对关系，提出更新教育理念、教育内容、教育方式，优化教育机制等实践路向[82]。杨中启、任娜（2022）提出从培养现代公民、提升媒介素养和加强情境实践三个方面增强青少年国家认同教育[83]。

（5）中国特色社会主义认同教育研究

王丽敏（2015）[84]、谭凌骏（2019）[85]等对新疆大学生、重庆高校少数民族大学生中国特色社会主义的认同现状和存在的问题进行分析，归纳影响大学生对中国特色社会主义认同的主要因素，提出了加强大学生中国特色社会主义认同教育的路径和方法，并且提出中国特色社会主义认同机制。

（五）国外研究现状

1. 认同与社会认同的研究

西格蒙德·弗洛伊德（1921）认为儿童会模仿、学习和吸收父母或教师身上的某种品格，并最终内化为自身的行为品格[86]。查尔斯·库利（1992）提出"镜中自我"的概念，认为"镜中自我"作为持续不断的意识过程包括三个阶段，即：想象自己在他人眼中的模样，想象他人对自己的评价以及对想象中他人的评价作出情感反应。认同是个体与社会不断进行互动的产物[87]。乔治·米德（1934）突破了库利的观点，提出了个体具有双重身份，一方面可以站在他人角度审视自己，另一方面可以从自我角度审视外部世界，他强调个体在与社会进行沟通或符号互动的过程中，个体不仅要具有自我意识还要具有社会意识，能够在众多的选择中作出选择、模仿和更正，实现自我的最终发展[88]。埃里克森（1968）认为人从出生到死亡，在不断进行认同，身体机能的变化会影响个体认同，即便没有受到机体变化的影响，也会受到自身阅历、文化交流和社会环境的影响[89]。帕森斯（1951）认为认同是一种人类行为的动力机制，这种机制根植于人类最早期的婴儿行为，但是伴随着连续的认同在把个人进一步带入一个社会文化关系的同时，人们也会渐渐远离生物根源[90]。

Tajfel 和 Turner（1986）对社会认同理论的产生做出重要贡献。Tajfel 在社会分类的基础上，提出个体认识到自我群体成员身份以及这一身份带给自己的情感和价值意义，他还提出社会分类、社会认同、社会比较和心理群体等四个独特概念[91]。Turner 提出自我分类理论，个体认同水平会因各种环境下不同自我分类影响到群体认同水平，个人的自我知觉和行动会在共享社会认同中趋同[92]。

2. 关于中国特色社会主义理论体系的研究

（1）中国特色社会主义理论属性的研究

奥克蒂斯托夫（1992）认为邓小平理论是马克思主义普遍原则运用到中国具体环境，制定出本民族的，适合中国实际的社会主义模式[93]。M.季塔连柯（1992）指出邓小平以建设具有中国特色的社会主义的思想作为改革的指导思想，从理论和实践上革新了社会主义，反映了对社会主义的丰富和完善[94]。费正清（1989）认为邓小平对农村采取责任制是改善农民福利，实现国家富强的"中国治国策"的最新阶段[95]。日本学者天儿慧（1991）认为邓小平社会主义主要价值观就是实现中华民族的独立与解放，国家富强[96]。阿里夫·德里克（1992）将中国特色社会主义称为"后社会主义"，认为它是这样一个历史阶段，既利用资本主义经验，又保持社会主义基本结构，克服资本主义发展中的种种弊端[97]。大卫·哈维（2005）的"中国特色新自由主义论"[98]、裴宜理（2011）的"实用民本主义（民粹主义）论"[99]等理论对中国特色社会主义存在不同程度的误读和曲解，带有西方思维偏见。

（2）中国特色社会主义理论体系的研究

国外学者在研究"中国模式"过程中探究中国特色社会主义理论体系。大多数西方学者认为西方理论无法解决中国的深层次矛盾，中国特色社会主义理论是来自中国经验的科学体系，该理论坚持实事求是、与时俱进、以人为本，注重从社会实践中找到问题的解决办法，注重解决好国家和人民生活问题，注重从传统中寻求智慧和方案[100]。

随着中国国际影响力的增强，海外研究者对习近平新时代中国特色社会主义思想研究热情逐渐上升，Gordon Barrass（2018）[101]、INGVILD A. SHILD A.J.（2018）[102]、Lowell D.（2017）[103]等对习近平新时代中国特色社会主义思想形成的国际、国内背景、内涵和世界意义等进行综合研究，同时对"中国梦""四个全面""一带一路""脱贫攻坚"和"经济新常态"等具体问题进行深入研究，研究方法多元，研究主题具体，观点确切。

3. 关于主流意识形态教育的研究

西方学者极少围绕中国特色社会主义理论认同教育展开研究，对主流意识形态教育的研究聚焦于教育内容的层次性，教育手段隐性与显性相结合等方面。一是教育内容的层次性。美国、法国等国家根据教育对象的不同阶段开设不同的主流意识形态课程，低年级开设基础类课程，高年级开设与专业课相关的课程。二是在教育方式上，坚持显性教育与隐性教育相结合，注重运用渗透式的教育方式，通过总统选举等各类民主活动、典礼和仪式，开展民主制度与民主思想渗透[104]。三是发挥教育合力。发挥学校、社会和家庭的合力，对青年开展主流意识形态教育。四是探索符合学生成长规律的新教育方法。西方学者通过研究人类大脑的神经活动来探索不同成长阶段的学生道德教育过程的特点及规律[105]，并且提出了"暗示、问题、假设、推理、验证"等教学程序思想。

综合国内外的研究现状，国内对中国特色社会主义理论认同教育的研究取得了一定的成绩，为本研究提供了坚实的铺垫。国外学者的研究为本研究展拓了国际视野，对加强中国特色社会主义理论体系的民族性，掌握国际话语权具有一定的现实意义。已有的研究存在的问题可以概括为以下三个方面：一是相关概念解读和国内外研究现状研究不够深入、全面，出现碎片化、片面化的问题，需要开展交叉学科、跨学科等多学科研究，形成系统的综合理论体系。二是大学生中国特色社会主义理论认同教育的宏观对策研究多，有关制度建设、中国特色社会主义理论认同教育内容等微观研究较少，缺乏认同教育效果评估研究。三是历史经验分析较多，创新性实证研究较少。当前的不少研究都开展历史发展和基本经验研究，学术性与学理性欠缺，而且多采用归纳分析法，运用调研法、实证分析法等其他方法较少。正因为如此，本研究具有一定的研究空间和现实价值。

三、研究内容

（一）研究对象

我国高职院校大学生和教师。

（二）研究主要内容

绪论。进行总体的概括性论述，包括选题背景、研究目的和意义、中国特色社会主义理论认同教育的国内外相关研究综述、研究的主要内容和思路。

相关基础理论。主要界定认同教育、中国特色社会主义理论认同教育等相关概念，系统性梳理马克思主义经典作家相关理论、中华传统文化中的理论认同教育内容以及对其他学科的借鉴，阐明高职院校大学生中国特色社会主义理论认同教育的重大意义，为后续研究奠定基本的理论基础。

一是高职院校大学生中国特色社会主义理论认同教育的历史发展和基本经验。分析高职院校大学生中国特色社会主义理论认同教育经历的四个阶段，总结归纳高职院校大学生中国特色社会主义理论认同教育的基本经验。

二是高职院校大学生中国特色社会主义理论认同教育的机理。分析思想政治教育主体、客体、介体和环体对高职院校大学生中国特色社会主义理论认同的影响，从高职院校大学生中国特色社会主义理论体系的认知认同、情感认同、价值认同和行为认同四个维度出发，研究高职院校大学生中国特色社会主义理论认同教育的心理机制。

三是高职院校大学生中国特色社会主义理论认同教育的现状及存在问题。借助蓝墨云班课等新型教学平台的数据分析大学生在思政课的教学参与度、"理论体系"的认知等方面的情况。通过问卷调查和个案访谈，从调查数据分析高职院校大学生中国特色社会主义理论认同的总体情况，发现存在的问题及成因。

四是高职院校大学生中国特色社会主义理论认同的影响因素。通过构建结构方程模型，测算教育途径对高职大学生理论体系认同影响效应。通过开展人口属性的差异性分析、相关性分析，主观态度、政治观与理论体系认同的协同分析，分析人口属性、主观态度、政治观等多种因素对高职大学生"理论体系"认同影响效应。

五是增强高职院校大学生中国特色社会主义理论认同教育实效性的路径研究。以教育对象、教育者、教育内容、教育方法、教育途径载体、教育环境和教育机制为突破口，提出提升高职院校大学生中国特色社会主义理论从认知到认同的转化等对策建议。

（三）研究重点和难点

1. 研究重点

一是分析高职院校大学生中国特色社会主义理论认同教育的机制，为优化高职院校大学生对中国特色社会主义理论认同教育的成效奠定理论基础。

二是通过定性研究与定量研究，分析高职院校大学生对中国特色社会主义理论认同教育的现状，找出影响和制约高职院校大学生中国特色社会主义理论认同的影响因素，为加强高职院校大学生中国特色社会主义理论认同教育的实效性和针对性奠定基础。

2. 研究难点

一是准确把握高职院校大学生中国特色社会主义理论认同状况存在难度。

作为教育客体的大学生对理论认同教育的认知、认同等主体性认识活动具有抽象性，难以直接观测。理论认同教育过程要遵循"知、情、意、行"认同规律，不仅体现在认知、认同等内化于心的方面，还表现在坚定"四个自信""五个认同"等信念方面，自觉投入于中国特色社会主义事业等外化于行的过程，并且"认知、认同"只有经过"坚定、实践"环节才能真正得以检验。对高职院校大学生中国特色社会主义理论认同情况进行评价，需要通过大学生对"理论认同教育"教学开始前和进行过程中的语言、行为和态度等开展间接测量，但是观测大样本在多环节中表现出来的态度、行为显然困难重重。

二是在中国特色社会主义理论认同教育研究中使用数学模型开展实证研究可借鉴的资料少。

现有资料对于中国特色社会主义理论认同的概念界定仍然显得零碎化、片面化，不够清晰。基于数量统计、评价体系构建与测量的实证研究在思想政治教育研究中仍不多见。我国的思想政治教育研究仍然以定性研究为主。如何在有序衔接的"理论认同"教育过程中找到研究的基点，准确定义概念，限定研究范围，找准研究工具，设计出高职院校大学生能够读懂的，适宜的调查问卷相当困难。由于通过调查问卷和云班课平台所获得数据的效度和信度问题，把数据录入评价指标体系后获得结果均具有不确定性，未必能够验证相关的理论假设，这也是实证分析经常会遇到的问题。

（四）研究目标

1. 理论阐释

阐释中国特色社会主义理论认同教育的内涵，探索高职院校大学生中国特色社会主义理论认同教育的机理，分析高职院校大学生中国特色社会主义理论认同的四个维度和心理机制，为研究搭建理论分析框架，夯实高职院校大学生中国特色社会主义理论认同教育的理论基础。

2. 实践经验总结及评述

探讨高职院校大学生中国特色社会主义理论认同教育的现状，总结实践经验，梳理存在的问题并分析原因，深化对中国特色社会主义理论认同教育规律和大学生成长成才规律的认识。

3. 策略建议

着眼于增强高职院校大学生中国特色社会主义理论认同，将中国特色社会主义理论体系"三进"与思想政治教育教学创新、体制机制改革有机融合起来提出对策建议，为大学生认识世界和改造世界提供思想指导。

四、思路方法

（一）研究思路

本研究的思路为：问题的提出—研究框架设计—文献资料的收集整理—设计调查问卷—选取有代表性的高职院校发放调查问卷、个案访谈、听取专家意见、收集云班课等教学平台的大数据—数据的挖掘整理—概括、分析现状、发现影响因素—提出对策建议。

首先，在研究和借鉴马克思主义基本原理、思想政治教育理论等理论的基础上，界定中国特色社会主义理论认同的概念，分析高职院校大学生中国特色社会主义理论认同教育的机理。

其次，以高职院校的大学生为调查对象，进行多层次抽样调查，收集云班课等教学平台的大数据来观察学生在思政课教学中的参与情况以及认知情况，从调研数据分析大学生中国特色社会主义理论认同的总体状况，分析存在的问题及影响因素，为优化"理论认同教育"提供现实依据。

最后，提出强化高职院校大学生中国特色社会主义理论认同教育的系统性对策和建议。

（二）研究方法

主要采用了以下四种研究方法：

文献资料法。本研究搜集和查阅了大量的国内外文献，通过整理、归纳，梳理总结出马克思主义经典理论、思想政治教育理论等理论基础，分析大学生认同现状、存在问题，提出优化中国特色社会主义理论认同教育的路径。

调查研究法。选取高职院校分层加随机抽取样本，发放调查问卷，开展个人访谈，听取专家意见，收集蓝墨云班课等教学平台大数据。

定量研究法。采用数量统计、差异性分析、相关性分析等定量分析方法，分析大学生中国特色社会主义理论认同的现状，在此基础上，运用结构方程和 Logistic 模型，分析不同因素对大学生中国特色社会主义理论认同教育的影响。

多学科知识综合运用法。除了运用马克思主义理论学科范畴的基本方法以外，还借鉴了教育学、政治学和心理学等学科的方法。

第二章　高职院校大学生中国特色社会主义理论认同教育的理论基础

习近平总书记指出："在全面建设社会主义现代化国家新征程中，职业教育前途广阔、大有可为。"[106] 高等职业教育与经济社会联系密切，担负着培养社会主义合格建设者和可靠接班人以及培养高素质劳动者和技术技能人才的双重使命。当前，我国已经从经济发展新常态进入经济高质量发展阶段，科技创新推动经济提质增效。同时，我国高等职业教育也进入了以"质量发展"为基准，以"办好人民满意的教育"为宗旨的创新发展阶段[107]。作为类型教育，高等职业教育有别于普通高等教育，"职业性"是高等职业教育的特色。因此，高职院校思想政治教育改革要与高等职业教育改革相协调，走出一条有别于普通高等学校思想政治教育的发展道路，突出思想政治教育的"职业性"是类型化发展的方向。在思想政治教育中，高职院校要将企业纳入教育主体，将"工匠精神、劳模精神和劳动精神"作为重要教育内容，突出实践教学方式[108]。理论是我们研究的基础。我们研究任何问题，都要构建理论分析框架，用理论分析问题，解决问题。

一、中国特色社会主义理论认同教育的概念界定

高职院校大学生中国特色社会主义理论认同教育的主体是高职院校大学生，客体是中国特色社会主义理论体系，而连接主体和客体的纽带是认同教育。因此，要研究认同教育过程，就必须首先厘清认同教育是什么，中国特色社会主义理论认同是什么，高职院校大学生为什么迫切

需要开展中国特色社会主义理论认同教育。

（一）认同及认同教育的内涵

1. 认同的内涵

"认同"和"教育"是两个不同的词语，要说清楚"认同教育"，就必须先说清楚"认同"。认同是哲学、心理学、社会学、政治学和民族学等多个学科共同研究的概念。从哲学角度看，认同是主体与某一客体形成认知、理解、把握等认知关系，并在认知关系基础上形成赞成、认可的态度[109]。心理学家弗洛伊德最早提出"认同"的概念，认为"认同是人们意义与经验的来源"[110]，主要强调个体在情感上、心理上与他人、群体内化趋同的过程，没有强调外化的行为。从社会学角度看，社会认同是指根据民族、性别、职业、受教育程度、宗教信仰和财产状况等人的自然和社会属性，每个人被划分为具有不同权利和社会地位的社会群体，形成对所属社会群体的认知、赞成和认可等价值判断和价值评价[111]。社会认同理论更加突出社会的认同作用，亨利·泰弗尔（Henri Tajfel）认为个体认识到自我群体成员身份后，自我的身份归属会形成对所属群体或集体认可、热爱和忠诚等心理意愿，对具有同一特征人们的亲切、友爱等情感以及对所属群体或集体承担的责任[112]。在政治生活中，认同主体是社会成员，认同的客体是政治体系，政治认同是认同主体围绕利益关系对认同客体进行政治实践活动，并在实践过程中对认同客体形成的政治情感、政治态度和政治行为[113]。按照一定的章法进行学科整合后，认同的概念是指在政治社会生活中，个体或社会群体等认同主体对身份、所属群体、文化、政治体系等认同客体知晓、了解基础上产生的心理归属，情感态度和价值认同[114]。

2. 认同教育的内涵

认同教育是教育主体以"客体＋认同"为主题，根据教育需要和教育规律，对受教育者开展有目的、有计划、有组织的教育活动，引导受教育者对"认同客体"认知、赞同、相信并践行的实践过程。同时，认同教育也是一个对认同客体知、情、意、行相统一的建构过程[115]。

1902 年，列宁在《怎么办?》一书中提出"灌输论"，强调工人阶级群众不可能自发产生科学社会主义思想，革命知识分子需要创造和传播革命理论，工人阶级只有接受科学社会主义思想体系，才能真正投身革命。"灌输论"揭示思想政治教育的本质是对一定社会意识形态的教化和灌输[116]。毛泽东提出用无产阶级思想教育人民，改造人心、改造思想是毛泽东教育思想最基本、最核心的内容。1957 年，毛泽东提出"教育必须同生产劳动相结合"，"应该使受教育者在德育、智育、体育几方面都得到发展，成为有社会主义觉悟的有文化的劳动者"等内容的教育方针[117]。1958 年，毛泽东进一步明确"教育必须为无产阶级政治服务，必须同生产劳动相结合"的教育方针[118]。党的十七大和十七届六中全会将实施中国特色社会主义理论体系普及计划作为重要任务。党的十八大进一步提出"用中国特色社会主义理论体系武装全党、教育人民"。[119]党的十九届四中全会指出："健全用党的创新理论武装全党、教育人民工作体系。"[120]至此，用党的创新理论教育人民的理论支撑和实践路径基本形成。

（二）中国特色社会主义理论与中国特色社会主义理论体系

中国特色社会主义理论与中国特色社会主义理论体系，在内容上都科学回答建设中国特色社会主义的一系列基本问题，如：发展道路、发展阶段、发展动力和发展战略等等；在性质上，两者都是马克思主义中国化的理论成果；研究的首要基本问题、涵盖的内容都相同；两个概念都具有系统性、开放性等特点。

1987 年召开的党的十三大第一次提出"建设有中国特色社会主义理论"，1988 年出版的《时代的呼唤——三中全会以来马克思主义理论在中国运用和发展》再现了建设有中国特色社会主义理论形成发展的过程[121]。张永华（1992）等在 20 世纪 90 年代初开始使用中国特色社会主义理论的概念，研究以邓小平同志为代表的中国共产党人创立的中国特色社会主义理论[122]。随着中国特色社会主义理论与实践的不断发展，中国特色社会主义理论的概念不断演进，体系概括不断丰富，理论框架经历了从"邓小平理论"到"邓小平理论和'三个代表'重要思想"再到"邓小平理论、'三个代表'重要思想和科学发展观"再到"中国特色社会主义理论体系"的变化[123]。2007年召开的党的十七大正式提出"中国特色社会主义理论体系"，明确指出"中国特色社会主义理论体系"包括邓小平理论、"三个代表"重要思想和科学发展观。党的二十大新修订的党章强调习近平新时代中国特色社会主义思想是"中国特色社会主义理论体系的重要组成部分"。党的十七大以后，专家、学者普遍使用"中国特色社会主义理论体系"的概念，但是至今仍有一些专家、学者、刊物和教材沿用"中国特色社会主义理论"的概念，或者同时使用这两个概念[124]。

（三）理论认同及中国特色社会主义理论认同的内涵

1. 理论认同

理论认同是认同主体对某种理论的认知、赞同、坚信，并身体力行，加以实践的过程。一种理论要对实践产生积极影响，认同主体首先要掌握理论，用理论武装头脑，在肯定理论的科学性、合理性，接受理论的价值取向，产生正向的情感共鸣基础上发挥指导实践的作用，实现理论的价值。可见，理论认同是连接认同客体（某一理论）与认同主体的桥梁，认同主体只有通过理论认同，才能真正了解、掌握认同客体，并发挥科学理论思想武器的作用[125]。

2. 中国特色社会主义理论认同

中国特色社会主义理论认同是指认同主体对中国特色社会主义理论体系形成和历史地位了解、掌握的基础上，对其内容、观点、主张和方法论等产生接受、赞同、推崇、追随等正向心理归属、情感共鸣和价值认可，进而内化为信仰外化为行动的过程[126]。

第一，认同主体是高职院校的大学生，包括专科生、本科生和硕士生，认同的客体是中国特色社会主义理论体系。认同的主体和客体都具有可建构性：一方面，作为认同主体的高职院校大学生理解、感受、判断、检验中国特色社会主义理论体系的科学性、合理性，通过主观建构达到思想观念上的接受、情感上的接受、意念或信仰的形成以及行动的转化，这个心理活动过程会受到来自社会实践和生活的各种客观因素影响。另一方面，中国特色社会主义理论体系作为我国主流意识形态，我们党已经构建创新理论教育体系，高职院校通过思政课、党课或团课、德育活动课和班会等等多种形式，向大学生宣传、传播和普及中国特色社会主义理论体系，这是主动引导和推动的过程。

第二，中国特色社会主义理论认同具有连接大学生心理与行为的桥梁作用。大学生一旦形成中国特色社会主义理论认同，会对中国特色社会主义理论体系产生稳定、持续的心理归属、情感倾向和价值认可，就会对大学生的思想和行为产生深刻影响，大学生最终会成为中国特色社会主义理论体系的认同者、实践者和推动者[127]。

第三，中国特色社会主义理论自信源于中国特色社会主义理论认同。习近平总书记在庆祝中国共产党成立95周年大会上指出："坚持不忘初心、继续前进，就要坚持中国特色社会主义道路自信、理论自信、制度自信、文化自信，坚持党的基本路线不动摇，不断把中国特色社会主义伟大事业推向前进。"[128] 理论认同是理论自信的前提，因为中国特色社会主义理论体系内化于心、外化于行的过程既是理论认同的主观构建过程，也是理论信仰的形成过程。习近平总书记在2019年中央政协工作会议暨庆祝中国人民政治协商会议成立70周年大会上指出："要学习贯彻党的基本理论、基本路线、基本方略，不断增进对中国共产党和中国特色社会主义的政治认同、思想认同、理论认同、情感认同。"[129] 习近平总书记的讲话，为我们增强对于中国特色社会主义理论认同指明方向。值得一提的是，本书之所以使用"中国特色社会主义理论认同"的概念，也是为了与习近平总书记有关论述保持一致。

（四）中国特色社会主义理论认同教育的内涵

中国特色社会主义理论认同教育是指通过对大学生开展有目的、有计划、有组织的教育活动，引导大学生在了解中国特色社会主义理论体系形成和历史地位基础上，对其内容、观点、主张和方法论等产生正向心理归属、情感共鸣和价值认可，进而内化为意念或信仰，外化为行动的实践过程。

习近平总书记在党的二十大报告中指出："实践告诉我们，中国共产党为什么能，中国特色社会主义为什么好，归根到底是马克思主义行，是中国化时代化的马克思主义行。"[130] 当前，开展中国特色社会主义理论认同教育，一方面，要将党的十九届六中全会和党的二十大精神有机融入思政课教学，发挥思政课教师研究专长和特色优势，吸收企业讲师、博物馆纪念馆工作人员，多切口多角度多形式开展宣讲，用好"小课堂"讲好"大故事"。另一方面，进一步做好习近平新时代中国特色社会主义思想"三进"工作，将习近平新时代中国特色社会主义思想的世界观和方法论阐释好、运用好，精心开展教学设计，创新教学方法，结合社会热点和现实生活为大学生解疑释惑，力求把"道理"讲深讲透讲活，帮助大学生在感受真理力量中增强理论认同，并最终转化为理论自信。

二、高职院校大学生中国特色社会主义理论认同教育的理论来源

（一）理论基石：马克思主义意识形态教育理论

中国特色社会主义理论体系是社会主义意识形态的重要理论创新，是凝聚人心、凝聚共识，汇聚起磅礴力量的重要创新理论。因此，研究高职院校大学生中国特色社会主义理论认同教育，首先需要研究马克思主义意识形态教育理论，马克思主义意识形态教育理论为中国特色社会主义理论认同教育实践提供了理论基础和指导思想。意识形态是

上层建筑，是观念的上层建筑，受到制度上层建筑和经济基础的制约。马克思主义意识形态教育理论是由马克思恩格斯开创的，由其继任者继承和发展的理论，是我们做好中国特色社会主义理论认同教育的重要理论来源。

1. 马克思恩格斯的意识形态教育理论

马克思、恩格斯对黑格尔、费尔巴哈、鲍威尔等人的思想批判，实现了革命性变革。关于这一问题，学术界研究成果颇多，已经形成基本一致的学术观点。比较有代表性的学者有：翟岩[131]从"哲学、政治经济学和科学社会主义三个方面进行了阐述"；孙夕龙[132]从马克思恩格斯的文本出发，论述了马克思主义意识形态理论的发展史；石云霞从宏观、中观和微观三个层面将马克思恩格斯意识形态理论分为"孕育、探索、形成和成熟、科学化和系统化、进一步完善和发展等五个历史时期"[133]。马克思恩格斯意识形态教育理论可以分为四个时期，即探索时期、形成时期、成熟时期、发展时期。1844年之前为探索时期，代表作有《1844年经济学哲学手稿》；1845—1856年为形成时期，代表作有《德意志意识形态》《共产党宣言》《哲学的贫困》《1848至1850年法兰西阶级斗争》等，其中《德意志意识形态》是马克思主义意识形态理论形成的标志；1857—1870年为成熟阶段，主要有《1857—1858年经济学手稿》《政治经济学批判》《资本论》（第一卷）、《哥达纲领批判》等著作；1871—1895年为发展阶段，主要有《家庭、私有制和国家的起源》《反杜林论》《路德维希·费尔巴哈和德国古典主义哲学的终结》以及恩格斯晚年的一些书信等。

马克思恩格斯意识形态教育主要包括阶级斗争教育、批判教育和环境教育等。第一，阶级斗争教育。关于迄今为止人类社会的性质，马克思恩格斯明确指出："至今一切社会的历史都是阶级斗争的历史。"[134]马克思恩格斯指明了社会的性质，是我们理解社会的理论支撑。既然迄今为止一切社会都是阶级斗争的社会，那么开展阶级斗争教育就有一定的历史必然性。马克思恩格斯指出："共产党人的理论原理，决不是以这个或那个世界改革家所发明或发现的思想、原则为根据的。这些原理不过是现存的阶级斗争、我们眼前的历史运动的真实关系的一般表述。"[135] 马克思恩格斯借此来阐明阶级斗争教育的重要性。第二，批判教育。马克思主义就是在批判中诞生的。马克思恩格斯虽然没有明确提出批判教育的概念，但是在他们的实践中充分彰显了批判教育。比如对黑格尔法哲学的批判，对费尔巴哈的批判等等，通过批判得出了正确的观点。第三，环境教育。人和环境统一于社会实践当中。马克思恩格斯指出："每一代一方面在完全改变了的环境下继续从事所继承的活动，另一方面又通过完全改变了的活动来变更旧的环境。"[136]

2. 列宁的意识形态灌输理论

列宁关于"灌输"的相关论述，最早见于《什么是"人民之友"以及他们如何攻击社会主义民主党人?》一文中。在此之后，列宁在其他著作中，也多次论述过"灌输"这一问题，成为我们认识"灌输"理论的着力方向。

阐述了灌输的必要性。科学的理论能够指导实践活动。列宁指出："没有革命的理论，就不会有革命的运动。"[137] 能够指导实践的必须是科学理论，这个科学理论就是马克思主义。列宁指出："依靠革命的马克思主义理论……才能建立不可战胜的社会民主主义运动。"[138] 科学的理论要指导革命的实践，也就是理论要掌握群众，使理论变成物质的力量，就必须要通过"灌输"来实现。需要一部分知识水平较高的人总结和创造，再以人们更为容易接受的方式，灌输到人民当中。列宁非常排斥工人阶级自发的进行理论创造，比如"工人阶级单靠自己本身的力量，只能形成工联主义的意识。"[139] 显然，工联主义与无产阶级革命理论是相违背的。因此，必须要知识分子进行创造，列宁还举例说明，按照这种划分，马克思和恩格斯"也是资产阶级分子。"[140] 列宁通过这一系列阐述，分析了意识形态灌输的必要性。

提出了灌输的主体和客体。一方面，明确了意识形态灌输的主体。意识形态灌输的主体是马克思主义理论家、宣传员和组织员。列宁对这些人员有着明确的划分，即："宣传员的活动主要是动笔，鼓动员的活动主要是动口。"[141]列宁还指出，灌输意识形态的主体不仅要有理论基础还要有情怀和精神。另一方面，明确了意识形态灌输的客体。灌输的首要对象应该，而且必须是工人阶级。因为工人阶级作为最先进的阶级，与最新生产力高度紧密结合，最具有组织纪律性，最能够承担起革命的重任。工人阶级是社会主义革命的领导阶级，需要对其进行意识形态的灌输，从而凝聚起来，解放全人类。第二个阶级，应该是农民阶级。农民阶级作为工人阶级的同盟者，具有一定的革命性。但同时，也需要进行意识形态的灌输，接受无产阶级教育，从而凝聚农民的革命力量。总之，只要是拥护社会主义运动的人民，都可以成为灌输的对象，从而凝聚力量。

明确了灌输的主要内容。社会主义意识形态的全部内容是马克思主义，这是社会主义意识形态的本质体现。换言之，如果社会主义意识形态的内容不是马克思主义，也就谈不上灌输。因为灌输必须是科学的意识形态，才可以进行。列宁强调必须将马克思主义明确为灌输的首要内容，他通过一些阐述，揭示了马克思主义发挥着革命行动指南和工人阶级运动旗帜的作用。学习马克思主义，必须先明确科学的学习态度，完整、系统地对马克思主义进行解读，摆脱教条主义，在实践中不断发挥理论作用。其次，列宁还强调灌输的内容不能一成不变和脱离实际，灌输的精神和内容必须与时俱进、紧随时代、不断创新、贴近实际，这样才能经得起实践考验。最后，列宁强调马克思主义理论不能被无限拔高到"一成不变"和"神圣不可侵犯"，根据具体实际的发展不断科学推进马克思主义，这构成了我们当前建设社会主义意识形态的重要内容。

创新了灌输的方式方法。列宁指出理论的科学性只有通过具体实践才能验证，在培养社会主义青年时，不能一味灌输关于道德的动听言论，而是要采用理论与实践结合的方式[142]。同时，列宁指出："离开工作与实际，从共产主义小册子和著作中得来的，可以说是一文不值。"[143] 他倡导采用分层分类的方法进行灌输，以与无产阶级政党接近程度作为分类标准，将工人阶级分为五个层次：一是革命家组织；二是尽量广泛和多种多样的工人组织；三是靠近党的工人组织；四是服从党的监督和领导的工人组织；五是没有参加组织的分子。他们与党的接近程度依次降低，关系依次减弱[144]。考虑到以上因素，列宁强调要利用一切实际、一切条件和一切载体开展意识形态灌输工作。

3. 中国化马克思主义意识形态教育理论

中国化马克思主义意识形态教育理论包括毛泽东意识形态教育理论、中国特色社会主义意识形态教育理论和习近平意识形态教育理论。意识形态教育内容主要有以下三个方面：第一，坚持将马克思主义理论作为意识形态教育的核心内容。毛泽东指出："我们学马克思列宁主义不是为着好看，也不是因为它有什么神秘，只是因为它是领导无产阶级革命事业走向胜利的科学。"[145] 为此，毛泽东特别强调研读马列主义著作是基础，在研读原著方面毛泽东还提出了一些基本要求，包括要批判性阅读，要联系社会实际阅读等。在学习经典著作中，特别要注重马克思主义哲学的学习。第二，注重历史知识的学习。毛泽东非常注重历史知识的学习，充分认识到历史教育在中国革命和建设中的积极作用。在这方面，毛泽东特别注重对于历史经验的总结和学习。比如对于《联共（布）党史简明教程》的学习，对于《甲申三百年祭》的学习等。第三，注重反面理论教育。任何事物都有两面性，需要从正面教育，也需要从侧面进行教育。毛泽东指出："康德和黑格尔的书，孔子和蒋介石的书，这些反面的东西，需要读一读，不懂得唯心主义和形而上学，没有同这些反面的东西做过斗争，你那个唯物主义和辩证法是不巩固的。你不研究反面的东西，就驳不倒它。"[146] 毛泽东的意识形态教育理论成为我们今天开展意识形态教育的重要理论基础。

党的十一届三中全会以来，邓小平审时度势，将我国工作的中心转移到经济建设上来。经济建设是中心工作，但是意识形态工作也很重要，特别是要保障改革开放的顺利推进。因此，邓小平开展了包括四项基本原则、改革开放、民主与法制教育等在内的意识形态教育，巩固了马克思主义的指导地位，成功开创了中国特色社会主义，建构了中国特色社会主义理论的基本框架，保障了改革开放的顺利推进[147]。十三届四中全会以来，面对世纪之交的复杂形势开展了以形势政策教育、"三讲"教育、民族精神教育为核心的意识形态教育。党的十六大以来，以胡锦涛为主要代表的中国共产党人，开展了艰苦奋斗教育、科学发展观教育、社会主义核心价值体系为核心的意识形态教育，构成了中国特色社会主义意识形态教育理论。

党的十八大以来，习近平总书记高度重视意识形态工作，将马克思主义意识形态教育理论与我国新时代的具体实际相结合，形成了习近平关于意识形态工作的重要论述，这也是习近平新时代中国特色社会主义思想的重要组成部分。习近平关于意识形态教育的重要论述内涵丰富，思维缜密，价值明确，包括意识形态教育的重要性、方针与原则、主要内容与方法。就主要内容来说，习近平总书记关于意识形态教育的重要论述包括理想信念教育、党的路线方针政策教育、党史国史教育、中华优秀传统文化教育和社会主义核心价值观教育等，共同构成了新时代意识形态教育的基本方略和具体部署，是新时代开展意识形态教育的重要抓手和遵循。

（二）文化根植：中华优秀传统文化中的理论认同教育内容

习近平总书记指出中华文化："为中华民族克服困难、生生不息提供了强大精神支撑。"[148] "中华优秀传统文化是中华民族的精神与命脉。"[149] 将马克思主义与中华优秀传统文化相结合，是马克思主义中国化时代化的重要抓手。可以说，我们的任何理论、任何思想都或多或少受到中华优秀传统文化的影响。因此，中华优秀传统文化中的统治阶级的理论构建、理论认同教育是中国特色社会主义理论认同教育的理论来源。我国古代理论认同教育的主要内容就是以儒家思想为核心的正统思想。儒家思想自成体系以来，就一直倡导要注重自身品格的培养，其倡导的价值追求就是"修身、齐家、治国、平天下",而且顺序是一定的,涉及从自我修养到为国出世两个层面。同时,儒家对"修身",即自我品格锤炼方向,又进行了细致的要求,即"忠孝仁爱礼义廉耻"。在这种思想的影响下,我国古代出现了自我品德修养高尚、为民族和国家奉献的一批仁人志士,推动着整个社会的进步。他们的高尚的人格和大公无私的奉献精神,值得当下的人们尊崇和学习。而这一切都得益于儒家思想作为我国正统思想,在我国古代意识形态领域所处的主导地位。虽然,我国在五四时期进行思想启蒙运动,批判和抵制儒家思想的糟粕,但是我们也应该理性地看待我国这一长期占据统治地位的意识形态发挥的积极作用。儒家思想作为我国传统文化中的理论认同教育的主要内容,主要体现在以下几个方面:

第一,圣贤人格的价值追求。"仁"是儒家思想的核心。"仁者爱人",就是时刻要为他人着想,为社会着想。儒家思想的代表人物孔子、孟子就是为天下着想之人。所以,我们称儒家思想为"孔孟之道"。孔子、孟子的人格高尚,成为了"仁"的化身。因此,我国古代主流意识形态就是倡导个人在价值层面中效仿和追求古代先贤的品德,做好修身的同时积极出世,从而产生了"穷则独善其身,达则兼济天下"的价值准则。同时,圣人也不是遥不可及的,怎么样才能效仿和追求呢?只有通过读书,"万般皆下品,惟有读书高"。读圣贤所著的"四书五经",考取功名,践行"仁"的理念。因此,深受儒家思想影响的古代中国人,始终将考取功名,出世做官看作是人生的第一要务。

第二,自强不息的精神激励。"天行健,君子以自强不息"。个体之于社会,犹如沧海一粟。人在追求梦想的过程中,不可能一帆风顺。身处于顺境当中,应该具有居安思危的远见;身处于逆境之中,应该具有坚韧不拔的精神。因此,人在任何时刻,都应该有自强不息的精神,积极进取,为民族和国家做出一份贡献。而这在儒家思想中表现为积极进取、自强不息的奋斗精神。这种自强不息的精神,经过千百年来生活在中华大地上的各个民族发扬光大,已经融入中华文明精髓,成为中华民族精神的重要组成部分。

第三，见利思义的处世之道。"义"与"利"的关系，常常是人在选择中，需要经常思考的东西。这两者的关系，有两层基本的含义：一方面是个人利益与集体利益之间的关系；另一方面是物质利益与道德原则之间的关系。在中国古代社会，从个人与集体的关系层面出发，儒家提倡家族和国家的利益是至高无上的"义"，个人的"利"要服从这种至高无上的"义"。实际上，也就是个人利益要服从集体的国家和家族的利益。从个人主体出发，儒家思想强调"居仁由义"，即"君子爱财，取之有道。"在满足或获取个人利益的同时，一定不能违背基本的道德的"义"，并且儒家思想也倡导，君子应该"轻利重义"。董仲舒指出："故圣人之制民，使之有欲，不得过节；使之敦朴，不得无欲。无欲有欲，各得以足，而君道得矣。"[150]通过"义"来引导君子取利，这是儒家的理想境界。

（三）他山之石：其他学科的借鉴

1.心理学相关知识的借鉴

心理学领域对"认同"这一概念及其相关问题进行多元化思考和讨论。奥地利心理学家弗洛伊德对这一概念作出了区别于先前研究者的诠释，他认为："认同是一个心理过程，是个人面对他人或团体的价值与规范模仿内化为自身行为模式的过程，认同是个体与他人有情感联系的原始形式。"[151]弗洛伊德将认同阐述为一种普遍的心理过程，将其看作人自发的防御机制，它的形成与人的理想自我有关，并且是一种可以被激发的思维方式。虽然弗洛伊德针对"认同"做了诸多研究，但是他始终没有对这一概念提出准确的清晰的定义和内涵。周晓虹认为认同理论的核心过程是"自我—证实"。社会会界定出群体的标准，使得个体存在于社会中的同时又受到社会的影响。他认为人是不能脱离社会而存在的，想要研究个体的社会行为就必须先了解个体是如何构建自身与他人认同的[152]。总之，基于心理学视角，认同是一种主观的情绪归属，是个体经历学习、模仿和内化的过程，让自身和认同客体在某方面逐渐趋于一致的过程。

2. 政治学相关知识借鉴

在政治学领域，有关政治认同的研究成果正在逐渐丰富，并受到专家学者的重视。第二次世界大战之后，美国学者逐渐关注到人的政治心理，开始将政治认同作为一个具备整体性的系统来研究，主要包含制度、阶级和党派等方面的认同。美国政治家罗森鲍姆指出："政治认同，是指一个人感觉他属于什么政治单位（国家、民族、城镇、区域），地理区域和团体，在某些重要的主观意识上，此是他自己的社会认同的一部分，特别地，这些认同包括那些他感觉要强烈效忠、尽义务或责任的单位和团体"。他认为政治认同是个体重要的主观意识，同时也是社会认同的一部分，包含着对单位、地域和团体的强烈归属感，包含着强烈的责任感[153]。因此，政治认同不仅属于社会认同的范畴，也属于集体认同的范畴。总而言之，基于政治学视角，认同是民众基于政治权威的正当性和正义性在意识上和情感上形成的政治归属感。

3. 文化学相关知识的借鉴

在文化学领域，学者从多角度对"认同"进行探究。美国人类学家乔纳森·费里德曼提出文化认同有着族群性特征。他认为文化认同是种属概念，也就是说某类人群所共同具备的特性。这种文化认同是内在的、本质的、可通过种族遗传的，而不是外在赋予的，也可以将其看成是特定种类的社会认同的形成前提。英国马克思主义文化批评家雷蒙·威廉姆斯认为只有通过文化认同才能将文化传承下去。在人类发展过程中，一个个存在差异的文化构成了文化整体，但是有着各自的独特性，同时又在孕育优秀产物。因此，文化认同是在保留文化完整性和形成优秀文化产物的前提下，将文化传承下去的过程。因此，文化认同实则是一种动态概念，是随着人们不断整合文化认知而不断扩大外延的。总的来说，基于文化视角，认同是人们对于共同文化所形成的倾向性共识和认可，并以此来正确指导和规范人们的行为。

4. 社会学相关知识的借鉴

"认同"在社会学领域是一个较为复杂的概念体系，可以大致分为个人认同、关系认同、角色认同和群体认同等，可将其归纳为自我认同和社会认同。英国社会心理学家亨利·泰弗尔认为认同是指个体意识到自己是隶属于某个社会群体的，同时也能意识到其作为社会群体成员所带来角色期待和情感要求。英国社会学家安东尼·吉登斯对个体自我认同展开进一步研究。他在其代表作《现代性与自我认同》中提出："自我认同并不仅仅是被给定的，而是在个体的反思活动中被惯例性地创造和维系的某种东西。自我认同并不是个体所拥有的特质，或一种特质的组合，它是个人依据其个人经历所形成的，作为反思性理解的自我"。他强调自我认知不是某个人特有的，而是个体基于对个体行为和经历的反思而形成的自我认知，是需要依托个体的自我意识和反思性知觉来实现的，同时也是受到社会群体和场景的差异性影响的。总之，从社会学角度来看，认同强调自我和社会构建之间的关系，是个体在社会生活中对特定群体及社区形成的共有的行为、信仰和感情，进而形成能将一个集体团结起来的内在凝聚力。

5. 传播学相关知识的借鉴

从传播学角度来说，形成认同离不开传播。传播学作为研究人类社会信息交流规律的新兴学科，旨在讲清楚传者、信息和受众间的内在关系和运动规律。其中研究清楚传播学经典理论和传播模式论，有助于加深中国特色社会主义理论体系在大学生中的传播效果。国外学者针对信息传播的轨迹做了深入研究，包含靶子论、适度效力论和社会类型论等。"靶子论"将受众比喻为靶子，认为大众传播有着强大威力，传播的信息能像子弹一样，瞬间将听众击中。它强调受众的消极接受性。"适度效力论"深化了"靶子论"，它强调大众传播有着适度模式，关注受众的反应，认为受众会选择与自己信念相符的信息。"社会类型论"则强调同属于一种社会类型的受众往往对同一类的信息有着相似的传播反应。传播学给予我们研究中国特色社会主义理论认同教育的借鉴之处在于，要将目光集中在大学生及其相关教育主体的相互作用上，重视大学生群体的能动性和接受信息差异性，进而采用大学生喜闻乐见的方式进行传播，提升大学生对中国特色社会主义理论的接受效果，最终达到增强理论认同的目标。

三、高职院校大学生中国特色社会主义理论认同教育的重要意义

作为未来社会主义事业的建设者和接班人，身处新时代的高职院校大学生，人生的黄金期正好与实现"两个一百年"奋斗目标时期高度吻合，他们是这个时代的亲历者、见证者、享有者。因此，新时代必须加强高职院校大学生"理论认同教育"，将其当作学校的头等大事来抓，对于我们构建现代职业教育体系，培养更多高素质技术技能人才具有重要的理论意义和现实价值。在高职院校大学生中开展中国特色社会主义理论认同教育，不仅是让高职院校大学生理解、掌握"理论体系"各个组成部分的内容，还要掌握不同时期理论之间的相互关系、精髓、逻辑起点和进路、历史地位和指导意义，进而形成对"理论"的情感认同，坚定中国特色社会主义这一共同的理想信念和理论信仰，在实践中践行"理论"[154]。高职院校大学生中国特色社会主义理论认同教育具有重大的理论价值和现实意义，需要从国家层面、社会层面、学生层面等三个层面加以认识。

（一）国家层面

1. 维护和巩固党的领导地位

习近平总书记指出："中国共产党的领导是中国特色社会主义最本质的特征。没有共产党，就没有新中国，就没有新中国的繁荣富强。坚持中国共产党这一坚强领导核心，是中华民族的命运所系。"[155]回顾党的百年历史，我们就可以发现，我国的革命、建设和改革的整个历程，在中国共产党的领导下，中华民族实现了独立和解放，在相对落后的中

国确立了社会主义制度；在中国共产党的领导下，带领中国人民进行改革开放、建设中国特色社会主义，摆脱了贫穷落后的局面，取得令人骄傲的发展成就，现在正在迈向第二个百年奋斗目标的新征程。但是，我们也要清楚，中国共产党的执政地位并非一劳永逸的，是需要不断维护才能巩固的。由此证明，维护中国共产党的执政地位，仅仅依靠宪法、法律、方针政策是行不通的，必须依靠人民群众在思想道义、行为实践中的自发拥护和坚决支持。中国特色社会主义理论体系是中国共产党人根据中国具体国情，继承和发展马列主义和毛泽东思想的正确理论观点和经验总结。它的形成和不断发展创新，凝聚着一代代共产党人的心血，彰显出一代代共产党人的集体智慧。新时代，中国特色社会主义道路在中国特色社会主义理论的指导下走得越发通畅，中国特色社会主义制度不断巩固，社会主义实践取得不断胜利，这都是中国共产党有能力带领人民群众建设和发展社会主义的有力证明。因此，强化高职院校大学生中国特色社会主义理论认同教育就是要引导大学生认同党的执政地位和能力，发自内心从思想和行动上充分肯定党的路线方针政策，赞同、认可和支持党的执政理念、奉行的理想信念。培育高职院校大学生对中国特色社会主义理论的认同感，促使大学生坚决拥护党的领导，在思想上和行动上自发与党中央保持一致，深刻领会并坚定捍卫"两个确立"，党的执政地位也因赢得社会主义事业接班人的认同而更加巩固。

2. 实现全面建设社会主义现代化的宏伟目标

习近平总书记指出："全面建设社会主义现代化，一个地区、一个民族都不能落下。"[156] 在党的二十大报告中习近平总书记指出："从现在起，中国共产党的中心任务就是团结带领全国各族人民全面建成社会主义现代化强国、实现第二个百年奋斗目标，以中国式现代化全面推进中华民族伟大复兴。"[157] 为了实现这个宏大目标，必须实现"改革的力度""发展的速度""社会可承受程度"的协调统一。人民群众在社会发展中起着决定性作用，创造着物质财富和精神财富。他们是改革的主人翁，是发展的重要力量，切实维护着社会稳定。因此，在全面建设中国特色社会主义的征程中，必须"充分调动人民群众的积极性、主动性和创造性，集中广大群众的智慧和力量"[158]，妥善处理好改革、发展与稳定这三者的关系。此外，青年大学生群体是人民群众中富有青春激情、充满责任担当的一部分，也是社会主义事业的合格建设者和可靠接班人。他们思维活跃、精力充沛，在学习和生活中能够更快掌握和运用先进科学技术，具有推动改革的勇气。为顺利实现社会主义现代化建设的目标，必须关注和重视大学生社会责任感的培养，提升大学生社会主义现代化建设的主动担当意识，充分发挥高职院校大学生群体的智慧和力量。

中国特色社会主义理论体系是建设中国特色社会主义的行动指南，内容包含社会主义建设的各个方面。加强高职院校大学生中国特色社会主义理论认同，引导高职院校大学生增强对中国特色社会主义理论体系科学性、合理性和可行性的认同感，有利于高职院校大学生明确在中国特色社会主义理论体系指导下的社会主义现代化建设的巨大优越性，增强对实现社会主义现代化宏伟目标的无限信心；不仅如此，也有利于鼓舞大学生主动肩负起社会主义事业建设所赋予的历史使命，成为社会变革前进的中坚力量，进而抓住我国改革和发展的关键机遇期，推动我国更快发展，最终实现建成社会主义现代化强国的目标。

3. 实现中华民族伟大复兴"中国梦"

党的十九大提出，新时期党和国家要"培育担当民族复兴大任的时代新人"的新要求[159]。习近平总书记向青年寄语："青年兴则国家兴，青年强则国家强。青年一代有理想、有本领、有担当，国家就有前途，民族就有希望。"[160]因此，青年成为被党和国家给予厚望、赋予重任的群体。青年学生作为青年群体的中坚力量，也是党和国家培育时代新人的重点目标群体，自然而然地肩负起实现民族复兴、实现人民群众日益改善美好生活的重任。为切实保证青年大学生自觉自愿担负起重任，需要加强对高职院校大学生的国家认同和理论认同教育，深化他们对于党和国家的认同感和归属感，树立正确的价值理念，形成良好的态度认知，强化担负中华民族伟大复兴重任的责任意识。这样才能为党和国家的事业培养可靠的接班人，为中华民族复兴大业培养出堪当重任的时代新人。

对于高职院校大学生来说，更应该明确实现伟大复兴中国梦的重要性和必要性。毛泽东指出："凡属于思想性质的问题，凡属于人民内部的争论问题，只能用民主的方法去解决，只能用讨论的方法、批评的方法、说服教育的方法去解决。"[161] "中国梦"作为中国特色社会主义理论体系的重要组成部分，其基本内涵为"国家富强、民族振兴、人民幸福"[162]，是中国人民从鸦片战争以来实现国家救亡图存、中华民族伟大复兴的梦想。"实现中国梦凝聚了几代中国人的夙愿，体现了中华民族和中国人民的整体利益，是每一个中华儿女的共同期盼；中国梦是国家的梦、民族的梦，归根到底是人民的梦，全体人民共同享有人生出彩的机会，共同享有梦想成真的机会。"[163] 它是全国人民共同意志的表达，关乎全国人民的根本利益，影响着我国未来发展态势。中国梦的实现需要中国特色社会主义为其创造实现的物质条件。因此，通过中国特色社会主义理论认同教育引领高职院校大学生认知中国梦和社会主义在本质上是一致的。从现实来看，高职院校与其他普通高校一样，受到西方社会思潮的渗透和不良影响，必须与之作持续的斗争，而在这一过程中，必须通过中国特色社会主义理论认同教育，构筑坚固思想堡垒，开展一场各民族"精神总动员"的持久战，最大可能地实现各民族之间的精神统一，为各民族大团结创造条件，巩固多民族多宗教信仰多元化大背景下各族高职院校大学生的共同思想基础，助力党的路线方针政策在全国推行，最终汇聚为实现中华民族伟大复兴中国梦而不懈奋斗的磅礴伟力。

（二）社会层面

1. 铸牢中华民族共同体意识

习近平总书记指出："铸牢中华民族共同体意识，加强各民族交往交流交融，促进各民族像石榴籽一样紧紧抱在一起，共同团结奋斗、共同繁荣发展。"[164] 铸牢中华民族共同体意识是以习近平同志为核心的党中央为进一步提升民族事务治理体系和治理能力现代化水平做出的重大决策部署。2014 年以来，习近平先后在中央新疆工作座谈会、党的十九大及历次全会以及中央民族工作会议等十多个重要讲话和文件中论述了中华民族共同体意识，指出新时代民族工作必须以铸牢中华民族共同体意识为主线[165]。开展铸牢中华民族共同体意识的法治路径研究，对于推进民族事务治理现代化和构建中华民族共同体具有重要的现实意义。铸牢中华民族共同体意识，是我们民族工作的总纲，是我们必须坚持的核心内容。在边疆民族地区，铸牢中华民族共同体意识是落实新时代立德树人根本任务的重要要求，也是新时代民族地区思想认同教育的重要组成部分，同时也是中国特色社会主义理论认同教育的重要内容。因此，加强高职院校大学生中国特色社会主义理论认同教育，有助于铸牢中华民族共同体意识。

2. 维护社会政治稳定和社会发展

富有远见的国家和民族，会持续将注意力聚焦在青年大学生群体上；富有远见的政党，会坚定地将青年大学生视为推动历史发展和社会进步的磅礴力量。当前，一些高职院校大学生对党、国家和社会存在的各种问题有不正确的认识。从表面来看，各式各样、盘根错节的问题依然存在，没有妥善解决，但是究其根源，主要是社会治理体系和治理能力现代化建设任重道远。中国特色社会主义理论认同教育是开展人的思想工作的，通过理论认同教育的开展，让中国特色社会主义共同理想牢固树立在高职院校大学生心中，在一定程度上解决长期困扰青年大学生的一些理论与实践问题，抢占意识形态领域的制高点，为社会政治稳定和社会良性发展打下坚固的思想基础。

（三）学生层面

1. 有利于深化大学生对中国化时代化马克思主义理论的理解

习近平新时代中国特色社会主义思想是当代马克思主义，也是 21

世纪马克思主义，是在建设中国特色社会主义实践中形成的马克思主义中国化的最新理论成果。加强高职院校大学生中国特色社会主义理论认同教育，要不断推进习近平新时代中国特色社会主义思想的学习与贯彻，以此作为高职院校大学生中国特色社会主义理论认同教育的重要指引，将其作为拉近大学生与马克思主义中国化理论之间距离的有效桥梁，助力大学生从文化视角、历史深度、辩证思维等方面正确认知和解读马克思主义中国化理论，抓住其核心要义和内涵，进而使自身的理论层次和水平得到提升。当代大学生理论认同教育的关键之处在于坚持对中国特色社会主义理论自信，中国特色社会主义理论自信是巩固马克思主义指导地位的必备武器。习近平总书记强调马克思主义是科学的理论，在新时代中国特色社会主义发展过程中仍旧焕发着蓬勃的生命力，并指出"我们坚持和发展中国特色社会主义，必须高度重视理论的作用，增强理论自信和战略定力"。马克思主义是指引我国建设社会主义实践的行动纲领，对高职院校大学生进行中国特色社会主义理论认同教育能够极大地深化高职院校大学生对于马克思主义理论的解读和认同，有助于推动马克思主义在高职院校大学生群体中入脑入心，让他们能够坚定对于中国共产党领导、对于中国特色社会主义的信心，也能进一步推进马克思主义中国化的理论发展。

2. 凝聚大学生爱国主义的朴素情感

民族精神是一个民族在长期实践和发展中形成的，并被该民族大多数成员接受并认同的价值取向，是一个民族特有的精神气质。中华民族在数千年的赓续发展中，形成了以爱国主义为核心的团结统一、爱好和平、勤劳勇敢、自强不息的伟大民族精神。在党的百年历程中，将中华民族精神作为精神动力，带领全国各族人民走过革命、建设和改革的艰难困苦，并走向一个又一个的胜利。无论是在改革开放还是在抗击新冠疫情中，都能感受到民族精神所带来的不可忽视的凝聚力与向心力，成为中华儿女的精神支撑。我国高度重视民族精神建设，并将其引入高校思政课教学内容中。民族精神教育的开展离不开爱国主义教育，爱国主义教育又离不开政治认同教育，这其中，理论认同成为关键。加强高职院校大学生理论认同培育，有助于唤醒大学生的民族精神，使其对中华民族数千年的奋斗史产生高度的精神和情感认同，充分凝聚起爱国精神和民族精神，培育起建设社会主义国家的责任感与使命感。

3. 激发大学生投身社会主义现代化建设的积极性

习近平总书记指出："国家的前途，民族的命运，人民的幸福，是当代中国青年必须和必将承担的重任。"[166] 我国正处于建设社会主义现代化强国的新阶段和新征途，迫切需要年轻力量投身于建设社会主义事业的大潮中。高职院校大学生正在成长为建设社会主义现代化强国的主体力量，他们是否具备为国家奉献的态度和能力直接影响我国建设社会主义现代化强国的进程。因此，要从培养高职院校大学生中国特色社会主义理论认同上下功夫。培养理论认同能够在思想层面统一年轻人的思想，让他们明白责任担当的要求与内涵，明确责任担当与爱国主义的关系，凝聚他们的青春力量，在实践层面能够激发他们不断求索的学习激情，提升大学生建设社会主义现代化强国的能力与行动力，不断激励高职院校大学生在中国特色社会主义建设事业中踔厉奋发、勇毅前行。

第三章 高职院校大学生中国特色社会主义理论认同教育的历史发展和基本经验

思想政治理论课是高职院校坚持社会主义办学方向的重要课程，是落实立德树人根本任务的重要课程，思想政治理论课也是进行"中国特色社会主义理论认同教育"的主渠道、主阵地。1982年，邓小平提出"建设有中国特色的社会主义"以来，中国特色社会主义理论体系不断完善，提高大学生中国特色社会主义理论认同成为高职院校思想政治教育中心任务。我国改革开放的历史，同时也是我国教育改革的历史，中国特色社会主义理论体系内容不断丰富和发展，教学方法改革方兴未艾，高职院校大学生中国特色社会主义理论认同教育也越来越系统、规范。

一、高职院校大学生中国特色社会主义理论认同教育的历史发展

中华人民共和国成立以来，思想政治理论课建设经历了一个由不成熟、不规范到比较成熟、比较规范，再到继续深化、发展的过程。随着改革开放的不断深化，高职院校大学生中国特色社会主义理论认同教育也在不断改革创新，以适应我国的国情和社会发展状态的变化，满足大学生不断增长的对教育高质量发展的需求。

高职院校大学生中国特色社会主义理论认同教育的历史发展大致经历了四个阶段：以"中国社会主义建设"为核心的认同教育阶段，邓小平理论、"三个代表"重要思想和科学发展观认同教育阶段，中国特色

社会主义理论体系认同教育阶段和习近平新时代中国特色社会主义思想认同教育阶段。

（一）以中国社会主义建设为核心的认同教育阶段

毛泽东领导党和人民建立中华人民共和国，确立了社会主义基本制度。面对照搬苏联经验出现的一系列问题，毛泽东提出要将马克思主义与中国实际进行"第二次结合"，找到适合中国国情的社会主义建设道路。党对社会主义建设道路的初步探索积累了正反两方面的经验，为我们探索中国特色社会主义道路提供了重要借鉴[167]。1978 年党的十一届三中全会拉开了改革开放的序幕，以邓小平同志为核心的党的第二代中央领导集体重新确立了实事求是的思想路线，把党和国家的工作重心转移到社会主义现代化建设上来。1982 年 9 月，邓小平同志在党的十二大开幕词中正式提出"建设有中国特色社会主义"的重大命题。1987年召开的党的十三大，第一次系统概括了建设有中国特色社会主义理论，标志着邓小平理论轮廓形成。1992 年召开的党的十四大指出改革开放以来取得巨大成就的根本原因在于"坚持把马克思主义基本原理同中国具体实际相结合，逐步形成和发展了建设有中国特色社会主义的理论"[168]。1997 年召开的党的十五大，将"邓小平理论"确立为党的指导思想并写入党章。伴随着中国特色社会主义理论体系的开篇之作从萌芽到逐渐成熟直至成为党的指导思想，中国特色社会主义理论认同教育逐渐展开、深化。

1978 年召开的全国教育工作会议上，邓小平指出："必须培养具有高度科学文化水平的劳动者，必须造就宏大的又红又专的工人阶级知识分子队伍"[169]。在 1982 年召开的军委座谈会上，邓小平提出："搞社会主义精神文明，主要是使我们的各族人民都成为有理想、有道德、有文化、守纪律的人民。"[170]

1984 年，党和国家教育部门着手准备在高校增设《中国社会主义建设基本问题》课程。1985 年 8 月 1 日，党中央颁布《中共中央关于改革学校思想品德和政治理论课程教学的通知》，强调："进行中国特色社会主义建设和改革的理论、政策和实际知识的教育，使学生了解党和人民正在进行的有世界意义的伟大事业和青年一代的密切关系及崇高责任。"[171]

中国特色社会主义建设理论是这一时期大学生中国特色社会主义理论认同的核心内容，也是对大学生进行中国特色社会主义理论教育的主要内容。在通过"中国社会主义建设"课程教学的方式开展大学生中国社会主义建设认同教育的同时，通过思想政治理论课程体系的改革，形成以中国社会主义建设为核心的"85方案"课程体系。这一时期思政课建设不断适应改革开放的时代要求，对课程体系、教材建设、教学内容、教学方式等各方面都进行了深入探索和改革，取得了长足进步。

（二）以邓小平理论、"三个代表"重要思想和科学发展观为核心的认同教育阶段

1992年初，邓小平同志发表重要讲话，对社会主义本质、社会主义与市场经济的关系、"三个有利于"标准等一系列重大问题做出精辟深刻的论述，对建设有中国特色社会主义理论做出了重大的丰富和发展，为大学生中国特色社会主义理论认同教育明确了方向，提供了坚实的思想依据。同年10月，党的十四大将邓小平的创新思想命名为"邓小平同志建设有中国特色社会主义的理论"。1993年8月，国家教委下发通知要求"坚持用邓小平建设有中国特色社会主义的理论武装广大党员和教育师生员工"[172]。1995年10月，国家教育部印发的《关于高校马克思主义理论课和思想品德课教学改革的若干意见》以文件形式强调："'两课'教学中心内容为邓小平同志建设有中国特色社会主义理论。"[173]党的十五大将"邓小平同志建设有中国特色社会主义理论"作为党的指导思想写入党章。随后，党中央就提出推动邓小平理论"三进"工作要求。1998年6月，中宣部、教育部下发《关于普通高等学校"两课"课程设置的规定及其实施工作的意见》的通知，最终形成思想政治理论课的"98方案"[174]，"98方案"增加了马克思主义中国

化理论成果，尤其是邓小平理论的教学比重，体现了马列主义、毛泽东思想和邓小平理论是一脉相承的科学体系，而且还涵盖马克思主义基本原理与中国实际情况相结合的两次历史性飞跃的理论成果，同时突出运用马克思主义的基本观点和方法分析社会现象的内容。"98 方案"既适应培养社会主义事业的建设者和接班人的内在需要，又充分体现大学生中国特色社会主义理论认同教育的系统性，对提升高职院校大学生思想政治素养、增强中国特色社会主义理论认同发挥了重要作用，推动高职院校大学生中国特色社会主义理论认同教育迈上一个新台阶。

2002 年 11 月，党的十六大将"三个代表"重要思想确立为党的指导思想，党的指导思想再次实现与时俱进。2003 年 2 月，教育部系统部署了"三个代表"重要思想"三进"工作，在课程设置上，将"邓小平理论概论"课程改为"邓小平理论和'三个代表'重要思想概论"课程，及时推进了大学生的理论武装工作。2005 年，中宣部、教育部印发了思想政治理论课"05 方案"。立足于马克思主义中国化的整体性视角，在课程设置上设立了"毛泽东思想、邓小平理论和'三个代表'重要思想概论"课程（简称"概论"），并明确指出"毛泽东思想、邓小平理论和'三个代表'重要思想概论"课程的基本内容和教育目标是着重讲授马克思主义中国化历史进程和理论成果[175]。从而使大学生坚定中国特色社会主义理想信念并系统掌握党的创新理论。2007 年 3 月，高等教育出版社出版马克思主义理论研究和建设工程重点教材《毛泽东思想、邓小平理论和"三个代表"重要思想概论》，着重讲述马克思主义中国化的理论成果——毛泽东思想、邓小平理论和"三个代表"重要思想，并对科学发展观的内容进行介绍。

所以，这一阶段从开始单独开设"邓小平理论概论"课程到将"邓小平理论"和"三个代表"重要思想整合在一起，再到整合为"毛泽东思想和中国特色社会主义理论体系概论"，这说明"邓小平理论"、"三个代表"重要思想和"科学发展观"是这一阶段中国特色社会主义理论认同教育的主要核心内容。思想政治理论课在高职院校大学生中系统开设毛泽东思想和中国特色社会主义理论体系课程，进一步加强了高职院校大学生中国特色社会主义理论认同教育。

（三）中国特色社会主义理论体系认同教育阶段

2007 年 10 月，党的十七大提出要深入贯彻落实科学发展观，并正式提出"中国特色社会主义理论体系"这一新的科学命题，将邓小平理论、"三个代表"重要思想和科学发展观等重大战略思想统称为"中国特色社会主义理论体系"。为了在课程体系中体现马克思主义中国化最新成果与时俱进的需要，与党的理论创新同向同步，坚定走中国特色社会主义道路，2008 年 1 月，中宣部、教育部对《毛泽东思想、邓小平理论和"三个代表"重要思想概论》教材进行第一次修订，不仅增加了"中国特色社会主义理论体系"概念，还完善了"科学发展观"相关内容。2008 年 8 月，对教材进行第二次修订，改名为《毛泽东思想和中国特色社会主义理论体系概论》，着重讲授马克思主义中国化的内涵、历史进程以及两大理论成果及其精髓，使大学生中国特色社会主义理论认同教育的内容得到了进一步丰富，明确提出实践教学要求，并培养大批高素质的教师队伍。通过这些工作，这一阶段大学生中国特色社会主义理论认同有显著增强，取得明显成效，在重大政治问题上能明辨是非，正确剖析问题，思辨能力得以提升，增强了对中国特色社会主义道路的认同感，对中华民族与国家事业的认同感，增强了对中国特色社会主义理论体系科学内涵和精神实质的认识和理解，进一步推动了中国特色社会主义理论体系"三进"工作。

（四）习近平新时代中国特色社会主义思想的认同教育阶段

2012 年 11 月 8 日，党的十八大召开。"党的十八大以来，习近平总书记坚持用马克思主义的立场观点方法观察时代、把握时代、引领时代，从新的实际出发，对关系新时代党和国家事业发展的重大时代课题进行了深邃思考和科学判断，系统回答了新时代坚持和发展什么样的中国特色社会主义、怎样坚持和发展中国特色社会主义，建设什么样的社会主义现代化强国、怎样建设社会主义现代化强国，建设什么样的长期执政的马克思主义政党、怎样建设长期执政的马克思主义政党等重大时代课题，提出一系列原创性的治国理政新理念、新思想、新战略，为党和国家事业发展举旗定向、领航掌舵、谋篇布局，不断注入强大思想和行动力量，以全新视野深化了对共产党执政规律、社会主义建设规律、人类社会发展规律的认识，为丰富马克思主义作出原创性贡献，实现了马克思主义中国化新的飞跃。"[176]

党的十八大要求"坚持不懈用中国特色社会主义理论体系武装全党、教育人民，深入实施马克思主义理论建设研究和建设工程，建设哲学社会科学创新体系，推动中国特色社会主义理论体系进教材进课堂进头脑"[177]的任务，推进马克思主义中国化时代化大众化。为此教育部下发通知，强调高校要把习近平总书记系列讲话精神作为对大学生中国特色社会主义理论体系教育的重要内容，用讲话精神统一思想、统一行动。教育部先后于2014年1月、2015年8月对《毛泽东思想和中国特色社会主义理论体系概论》教材进行修订，不断充实对大学生中国特色社会主义理论认同教育的内容。

2017年10月，党的十九大胜利召开。党的十九大报告指出中国特色社会主义进入新时代是我国发展新的历史方位，将习近平新时代中国特色社会主义思想确立为全党必须长期坚持的科学指导思想，并强调要"加强理论武装，推动新时代中国特色社会主义思想深入人心"[178]。党的十九大通过了《中国共产党章程（修正案）》，习近平新时代中国特色社会主义思想作为党的最新理论成果正式写入党章。这一时期为了更加贴近新时代的需要，更能体现新时代精神，高校思想政治理论课改革主要围绕习近平新时代中国特色社会主义思想"三进"展开。按照党中央统一部署，中宣部、教育部再次组织"概论课"教材的全面系统修订工作，形成2018年修订版教材，实现了大学生中国特色社会主义理论认同教育的与时俱进。

2019 年 3 月 18 日，习近平总书记在学校思想政治理论课教师座谈会上发表讲话："我们办中国特色社会主义教育，就是要理直气壮开好思政课，用新时代中国特色社会主义思想铸魂育人，引导学生增强中国特色社会主义道路自信、理论自信、制度自信、文化自信，厚植爱国主义情怀，把爱国情、强国志、报国行自觉融入坚持和发展中国特色社会主义事业、建设社会主义现代化强国、实现中华民族伟大复兴的奋斗之中。"[179] 这为新一轮高职院校思想政治理论课改革做了充分的思想准备。2019 年 8 月，中共中央办公厅、国务院办公厅发布《关于深化新时代学校思想政治理论课改革创新的若干意见》，为高职院校大学生中国特色社会主义理论认同教育再次指明了方向。

2021 年 11 月，党的十九届六中全会通过《中共中央关于党的百年奋斗重大成就和历史经验的决议》（以下简称"决议"）。《决议》指出："习近平新时代中国特色社会主义思想是当代中国马克思主义、二十一世纪马克思主义，是中华文化和中国精神的时代精华，实现了马克思主义中国化新的飞跃"。习近平新时代中国特色社会主义思想的主要内容是党的十九大、十九届六中全会报告概括的"十个明确""十四个坚持""十三个方面成就"，党的二十大提出的"六个必须坚持"，丰富和发展了高职院校大学生中国特色社会主义理论认同教育的核心内容。

改革开放以来，从中国社会主义建设认同教育到邓小平理论、"三个代表"重要思想和科学发展观认同教育，再到中国特色社会主义理论体系认同教育，对大学生进行中国特色社会主义理论认同教育的内容都是根据改革开放的实践发展，围绕党的创新理论成果和最新精神不断发展的。2019 年 3 月 18 日，习近平总书记在学校思想政治理论课教师座谈会上进一步强调："我们党立志于中华民族千秋伟业，必须培养一代又一代拥护中国共产党领导和我国社会主义制度、立志为中国特色社会主义事业奋斗终身的有用人才。"[180] 这些论述为我们进一步推进习近平新时代中国特色社会主义思想的"三进"工作，为新时代我国高职院校思想政治理论课教育的改革发展提供了根本遵循。

二、高职院校大学生中国特色社会主义理论认同教育的基本经验

中国特色社会主义理论认同教育是思想政治教育的核心内容和一条主线，在党和国家的正确领导下，高职院校思想政治理论课的教学管理工作通过不断地探索、创新，积累了许多宝贵的经验，为今后进一步完善和创新高职院校思想政治教育教学奠定了基础，有助于提高高职院校思想政治理论课的育人效果，为实现"第二个百年"奋斗目标提供了坚实人才支撑。

（一）坚持马克思主义指导思想

由于我国是一个社会主义性质的国家，应坚持马克思主义在意识形态领域的指导地位。中华人民共和国成立以来，党和人民坚定走社会主义道路的决心，因为只有社会主义才能救中国，中国也在当代中国的马克思主义的指导下逐步走上了富强、民主、独立的道路。马克思主义科学性也在实践中逐步赢得了全国人民在指导思想层面的价值认同，这说明了中国特色社会主义建设实践必然需要马克思主义来指导。习近平总书记多次强调"马克思主义是我们立党立国的根本指导思想，也是我国大学最鲜亮的底色"[181]。马克思主义指导对于建设中国特色社会主义的各个方面都具有统领的地位，要建设中国特色社会主义，任何一个方面都离不开马克思主义指导。

对大学生进行系统的马克思主义理论教育是高职院校思想政治理论课的一项重要使命，是对大学生进行思想政治教育的重要途径。高职院校大学生中国特色社会主义理论认同教育始终同立德树人的根本任务紧密相连。通过调查研究发现：当代大学生对于中国特色社会主义理论体系的认同度较高，绝大部分高职院校大学生对中国特色社会主义理论体系的重大理论价值和实践意义是认同的，但由于各种社会思潮观

点在一定程度上的影响，成为影响大学生认同中国特色社会主义理论体系一些具体观点的因素，可见坚持马克思主义指导思想始终是高校意识形态工作中必须牢牢抓住的一条主线。高职院校思想政治理论课只有用习近平新时代中国特色社会主义思想武装大学生的头脑，才能在社会思想观念日益多样、社会价值取向日趋多元、各种社会思潮纷繁复杂的环境中更好感染人、说服人、武装人，坚定青年大学生对党的创新理论的政治认同、思想认同、情感认同，用社会发展的远大目标和共同理想来切实增强对中国特色社会主义理论认同。当前，增强大学生对中国特色社会主义的现实认同，还必须始终坚持、不断强化相关教育，时刻警惕、有力批驳"历史虚无主义"等错误思潮与观点，在引导大学生正确认识现实发展、解答现实问题的过程中，让大学生现实地、直接地感知新时代中国特色社会主义的优势，并自觉为之不懈奋斗、贡献力量，担当起党和人民赋予的历史重任。

（二）坚持党的全面领导

思想政治理论课是高职院校铸魂育人的核心课程和主干课程，是思想政治工作的主阵地和主渠道。由于思想政治理论课在我国高职院校教育体系当中具有独特地位，决定了党对思政课建设的全面领导。习近平总书记在全国教育大会上发表重要讲话指出："加强党对教育工作的全面领导，是办好教育的根本保证。"[182] 2019 年 3 月 18 日，习近平主持召开学校思想政治理论课教师座谈会，强调"办好中国的事情，关键在党。各级党委要把思政课建设摆上重要议程，抓住制约思政课建设的突出问题，在工作格局、队伍建设、支持保障等方面采取有效措施。要建立党委统一领导、党政齐抓共管、有关部门各负其责、全社会协同配合的工作格局，推动形成全党全社会努力办好思政课、教师认真讲好思政课、学生积极学好思政课的良好氛围。"[183] 中办、国办印发《关于深化新时代学校思想政治理论课改革创新的若干意见》明确把思政课建设纳入地方党委的主体责任，作为"党的建设和意识形态工作的标志性工程"，明确指出高校党委领导思政课建设的政治责任。

高校思想政治理论课，只有坚持和加强党对高校思想政治理论课建设的全面领导，才能发挥党的领导对高校思想政治理论课的主导作用，从而培养出更多合格的社会主义建设者和接班人。办好高校思政课，必须以党的领导为根本保证，只有把党的领导贯穿于办学治校、立德树人及思政课建设的全过程，才能为提高高职院校大学生中国特色的社会主义理论认同提供保障。

（三）落实立德树人根本任务

思想政治理论课是落实立德树人根本任务的主渠道和主阵地。2014年5月4日，习近平总书记在同北京大学师生的座谈会上指出："我们的用人标准为什么是德才兼备、以德为先，因为德是首要、是方向，一个人只有明大德、守公德、严私德，其才方得其所。"[184]所以说，"立德树人"还指明了"立德"是育人的根本途径。另一方面，"立德树人"指明了教育的根本目标是要坚持育人为本，培养千百万德智体美劳全面发展的社会主义建设者和接班人，是高校教育工作的出发点和落脚点。

2016年12月7日至8日，习近平在全国高校思想政治工作会议上指出："高校思想政治工作关系高校培养什么样的人、如何培养人以及为谁培养人这个根本问题。要坚持把立德树人作为中心环节，把思想政治工作贯穿教育教学全过程，实现全程育人、全方位育人，努力开创我国高等教育事业发展新局面。"[185]高职院校对这一根本问题要做出具有职业教育特色的回答，具体来说就是要贯彻落实新修订的职业教育法，通过与企业等多元主体开展校企合作、产教融合，强化统筹管理、校政行企共同治理，实现职业教育与普通教育横向融通，职业学校教育体系内部纵向贯通，以培养德技并修、知行统一的社会主义合格建设者和可靠接班人。[186]因此，高职院校思想政治理论课建设必须以立德树人为核心，引领思想政治理论课教学改革，加强大学生中国特色社会主义理论认同。

（四）坚持理论与实践相结合

坚持理论和实践相结合是高职院校思想政治理论课建设的重要经验，是提高思想政治理论课程教学实效的重要保证，也是思想政治理论课的根本要求，体现在思想政治理论课教育教学的全过程。高职院校思想政治理论课作为关乎人的思想观念和行为发展的核心课程，既要向大学生传授马克思主义基本理论，又要培养大量的应用型人才，不能只强调理论性而忽视实践性。习近平总书记在学校思想政治理论课教师座谈会上指出："要坚持理论性和实践性相统一，用科学理论培养人，重视思想政治理论课的实践性，把思政小课堂同社会大课堂结合起来，教育引导学生立鸿鹄志，做奋斗者。"[187] 理论与实践相结合是高校思想政治理论课建设的重要经验，因为强调实践育人的目的，主要是让大学生在社会实践中利用已学到的理论知识来深化对中国特色社会主义理论体系的认识，使广大大学生在实践中进一步理解和把握我们党的创新理论，促进大学生对理论的吸收与认同，推动学生将课堂理论内化于心，并通过社会实践活动外化于行，从而促进大学生的全面发展，增强他们的社会责任感，坚定理想信念，将自己的追求和中华民族伟大复兴的中国梦实现征程紧密相连。

（五）坚持教学与科研的相互促进

高校思政课建设中教学与科研的相结合是提高高校思想政治理论课建设质量和效果的重要经验，并在实践中成效显著。高职院校大学生中国特色社会主义理论认同总体水平比较高，说明了高职院校思政课教育教学取得了良好的效果，对提升大学生中国特色社会主义理论认同起到了重要作用。

在高职院校思想政治理论教育中，教学和科研的关系是相辅相成有机统一的关系。一方面，教学是科研的基础，高职院校思想政治理论课是对大学生进行理想信念和思想道德教育的主渠道和主阵地，而思想政治理论课教师是高职院校传播中国特色社会主义理论体系的主要桥梁。教学工作是教师的立命之本，因此高职院校思想政治理论课教师只有在教学过程中不断地提高教学能力，才能进一步增强思想政治理论课的吸引力、感染力和说服力。另一方面，科研是教学的支撑和保障。高职院校思想政治理论课教师，只有不断增强科研意识，对教学过程中出现的理论和现实问题进行科学研究，以科研促教学，才能增强思想政治理论课的育人功能。

高校思政课建设的实践表明，正是由于高职院校在思想政治理论课建设的创新发展工作中，坚持教学与科研相结合，在思想政治理论课教师的努力下，形成大量思想政治理论建设科研成果，反过来又促进和服务教学工作，形成教学与科研相互转化的良性循环。

（六）坚持思想政治课教材一体化建设

思想政治理论课教材是开展中国特色社会主义理论认同教育的载体，教材有针对性地回答大学生关心的重大问题，为我国开展中国特色社会主义理论体系普及计划提供学理支撑。思政课教材建设是一个系统工程，高校思想政治理论课教材编写已经纳入马克思主义理论研究和建设工程，并置于突出位置。思政课教材逐步实行一体化建设，教材体系和教材内容能够根据思政课课程体系、结构的变动而做出调整，教材内容充分体现马克思主义中国化的最新理论成果，充分体现中国特色社会主义实践的最新经验，充分体现马克思主义理论研究的最新进展。一是教材体系实行一体化设计。高职院校 4 门课程《毛泽东思想和中国特色社会主义理论体系概论》《习近平新时代中国特色社会主义思想概论》属于马克思主义理论课，《思想道德与法治》《形势与政策》属于思想政治教育课，一方面课程内部保持自身的系统性，教材受到课程知识系统的制约。另一方面，教材之间具有整体关联性，一门课程教材与直接关联的教材相互衔接，彼此关照。二是大中小学思政课教材一体化建设。2019 年 9 月教育部党组印发的《"新时代高校思想政治理论课创优行动"工作方案》提出："推动大中小学思政课课程教材一体化建设，实现各学段教学内容和目标循序渐进、螺旋上升。"《习近平新时代中国特色社会主义思想学生读本》已经由人民出版社、人民教育出版社出版，并且在大中小学不同学段学生中投入使用，为推动大中小学思政课课程教材一体化建设做出有益的探索。

（七）坚持发挥教师主导和学生主体在教学中的协同作用

思想政治理论课是教师主导与学生主体的统一体，教不是简单的给予，学也不是简单的接收，教学过程要成为一个师生思想相互影响的过程。习近平总书记在学校思想政治理论课教师座谈会指出，"要坚持主导性和主体性相统一"[188]。当然思想政治理论课教学离不开教师的主导作用，因此作为教师要加大对学生的认知规律和接受特点的研究，注重发挥学生主体性作用。高职院校思想政治理论课教师一方面要增强思想政治理论课教学的说服力和吸引力，教师要把理论转化为通俗易懂的理论观点和价值观念，使中国特色社会主义理论体系能够深入学生内心，自觉地用中国特色社会主义理论体系武装他们的头脑。另一方面，高职院校思想政治理论课教师要树立以学生为主体的教育理念，改变过去"教师中心"的观念，改变传统思政课教学的一言堂、满堂灌的教育教学方式方法，代之以思想政治教育理论与实践教学相结合的教学方式，要贴近学生的学习、生活和思想实际，用生动的实践教学推动学生参与课堂教学、实践环节，让他们自觉地运用所学知识进行理论的研究阐释，以理服人，使大学生用中国特色社会主义理论体系武装头脑，从思想上和情感上增强认同意识。

总之，高校思想政治理论课建设的实践说明，坚持教师主导作用与学生主体作用的相结合，关系到教师能否发挥主导作用，关系到学生能否将思想政治理论内化于心、外化于行，直接关系到思政课的实效性。坚持教师主导作用与学生主体作用之间这种对立统一关系，是办好高校思想政治理论课的关键所在。

第四章 高职院校大学生中国特色社会主义理论认同的机制

一、思想政治教育对高职院校大学生中国特色社会主义理论认同的影响

（一）教育主体和客体对高职院校大学生中国特色社会主义理论认同的影响

主体和客体的内涵。马克思主义的主客体观，主体是从事实践活动和认识活动的人，是自然属性和社会属性的统一，是个人和人类的统一。客体则是与主体相对应的概念，是主体实践活动和认识活动所指向的对象，主客体的互动建立在实践基础上[189]。在中国特色社会主义理论认同教育中，主客体的互动是直接的、直观的。"思想政治教育主体是思想政治教育的承担者、发动者和实施者"，即思想政治教育者，"思想政治教育客体是思想政治教育的接受者和受动者"[190]，即思想政治教育对象。

主体和客体的关系。思想政治教育主体和客体之间是主客二分和主客合一的辩证关系，是主客同构、共处一体的辩证关系[191]。从两者关系来看，思想政治教育主体客体之间既相互联系又辩证统一。教育主体离不开教育客体，教育客体也离不开教育主体，两者相互依存。

新媒体时代思想政治教育主体客体新特点。随着新媒体时代的到来，传统的主体客体模式已被重构。教育主客体的互动模式已从"人到人"模式转变为"人到介体再到人"模式。新时代中国特色社会主义认同教育有新的特点：一是思想政治教育主体被新媒介隐匿，以虚拟的

方式出现，以图像、影像、数字和符号等方式呈现出来。新时代思想政治教育不再灌输式地进行刚性教育而是更强调柔性教育。教育主体用潜移默化的方式将教育内容渗透于教育客体的日常生活，通过不同的新媒体平台，引导教育客体在不知不觉中接受思想政治教育并转化为行为习惯。二是思想政治教育的主体和客体之间的互动多样化，教育客体的主体性日益凸显。传统的思想政治教育中，教育主体和教育客体的互动是直接的、面对面的，而在新媒体时代，新的媒介和手段的出现，思想政治教育客体的主体性不断凸显。三是教育客体在新媒体时代主体性参与更多，能动性更强。教育客体自主参与越来越多，自主性显著增强，同时，教育客体能够在庞杂的信息中分辨、提取、吸收正面信息，有意识调整行为。

新媒体环境下思想政治教育主客体关系的整体性。新媒体环境下思想政治教育活动能有序持续有效开展，是基于教育任务和教育目标构建起的整体。整体性是新媒体环境下思想政治教育主客体关系的本质特性[192]。教育主客体对教育内容、方法有一致认同。教育主体认同教育客体的学习需求，教育客体认同教育主体的方法和内容。一是教育主体使用形式多样的方法吸引受教育者。二是教育客体发挥主观能动性，将教育内容内化为思想观念，外化为行动。

（二）教育介体对大学生中国特色社会主义理论认同的影响

1. 教育介体的内涵

教育介体就是把教育者已经掌握的教育内容传导给受教育者的一系列中间要素和环节的总和。思想政治教育介体指将教育内容、方法和载体相统一并承载着思想政治教育目标的活动形式。

教育介体包括教育内容和教育方法，教育内容是进行思想政治教育活动的客观依据，教育方法是思想政治教育过程最终取得良好效果的保证和条件，要把特定的教育内容有效地传授给受教育者，必须有适当的教育方法[193]。

教育过程中，在对教育内容理解、认同的基础上，教育主体通过一系列教育活动把教育内容和教育对象相关联，从而让受教育者接受学会所教内容。教育者要运用合适的方法，具体问题具体分析，充分考虑不同教育客体的实际水平，运用恰当的方法使受教育者掌握所学内容。

2. 教育内容：活的灵魂

给教育客体建立怎样的理念和价值观，这取决于教育内容。教育内容是基本要素，是教育目标的具体体现。教育内容是中国特色社会主义理论认同教育介体活的灵魂，它主要分为主体性内容、基础性内容、拓展性内容三个方面。

主体性内容包括马克思主义基本原理、毛泽东思想、中国特色社会主义理论体系的各项内容，集中体现在大学生《毛泽东思想和中国特色社会主义理论体系概论》课程、《习近平新时代中国特色社会主义思想概论》和《马克思主义基本原理》课程当中。基础性内容包括大学生正确的三观教育，理想信念教育，爱国主义、集体主义教育，道德与法治教育和形势与政策教育，集中体现在《思想道德与法治》《形势与政策》等课程当中。基础性内容是思想政治理论课程的主要内容，是中国特色社会主义理论教育实践理念的重要体现。拓展性内容是除了主体性内容和基础性内容的补充内容，包括大学生心理健康教育、大学生劳动教育、大学生安全教育等。

3. 教育方法：优化途径

教育方法是认同教育取得效果的条件和保证，教育者要采取适当的教育方法，才能取得更好的教育效果。教育学学者提及的六种教育方法是"说理教育法"、"情感陶冶法"、"行为实践法"、"榜样示范法"、"修养指导法"和"品德评价法"[194]。

优化教育介体的途径，可以从教育方式、教育主体入手。通过创新理论教育方式，提升认同教育的吸引力。思想政治教育过程中最常用、最基本的方法是"理论灌输法"。让大学生清楚地了解、掌握中国特色社会主义理论体系的知识，需要教师运用系统的理论讲述，这是最直接、最彻底的途径。思想政治理论课和专家讲座仍是大学生中国特色社会主义理论认知认同的重要途径，加强思想政治理论课教学是增强大学生中国特色社会主义理论认同的关键。高职院校开展中国特色社会主义理论认同教育的主渠道是思想政治理论课，"理论认同教育"贯穿《毛泽东思想和中国特色社会主义理论体系概论》和《习近平新时代中国特色社会主义思想概论》课程，均以中国特色社会主义理论体系为主要内容。教材系统地介绍"理论体系"，但教材毕竟只能讲授基本框架和主要内容，无法提供贴近现实生活的教学案例，未能针对大学生的问题进行答疑。教材内容对于大学生来说是抽象的，一旦思政课教师不能使用良好的教学方法将教材体系转化为教学体系，教学内容就会给大学生留下乏味的印象。

（三）教育环体对大学生中国特色社会主义理论认同的影响

1. 教育环体的内涵和分类

教育环体即教育的环境，指与思想政治教育有关的、对人的思想政治品德形成、发展产生影响的外部因素[195]。

从范围看，教育环体分为小环境、中环境和大环境。大环境指社会环境，人们所处的时代、国家、地域以及国际和国内的政治、经济、文化、科技等综合因素，这些综合性的因素加起来构成教育介体的大环境；中环境是人们所处的人文环境，包括态度观念、信仰、认识环境等，它对于大学生个人思想品德的形成、正确世界观、人生观、价值观的形成都有重要作用；小环境主要指个人所在家庭的基本生活理念、家训家风等，它对一个人的成长成才起着潜移默化的熏陶作用。从组成上看，教育环体可以分为硬环境和软环境。硬环境主要指物质条件、硬件设施技术条件；软环境主要指社会文化氛围与精神条件。从形态看，教育环体可分为现实环境和虚拟环境。我们不仅要利用现实条件对受教育者进行思想政治教育，还需善于运用以互联网为核心的虚拟环境和方法对现实的受教育者进行思想政治教育，这是互联网时代对现代思想政治教育提出的新要求[196]。

2. 网络环境对中国特色社会主义理论认同教育的影响

"移动互联网＋大数据"改变了当代大学生的认识和思维。网络实现了对大学生日常生活的全方位占有，同时网络信息通过用户体验和大数据定制等推送方式，实现了当代大学生对"我"的关注。网络竞争的核心在于获得更多的关注，为了实现这一点，信息的感性化与娱乐化程度不断加深。一方面对当代大学生课余生活的全面占有，另一方面其内在属性的感性化特征使网络空间成了大众文化和多重社会思潮传播的温床。网络与大众文化等有明确价值指向的意识形态可以顺利地通过信息转化直接进入到网络世界中，而且传播得更加方便且快捷。大学生的思维方式更加感性化和碎片化，很多网络上的社会思潮更易于被大学生接受。大学教育是完整逻辑体系的专业教育，而非简单的科普教育，网络内在属性通过对大学生思维方式的影响深刻冲击着中国特色社会主义理论认同教育。

3. 教育环体影响思政教育实效性

思政课的教育环境是思想政治教育活动的重要因素，正潜移默化地影响着思政课的实效性。一方面，大学生正处于社会发展步伐加快、经济深度融合的交汇点，面临着社会矛盾凸显、就业压力大、社会思潮交织等诸多现实问题。身处这样复杂的教育环境，当代大学生的价值观念表现出较为复杂的认同变化：有对曾经价值观念的认知认同，也有对新时代价值观念的认知认同，但总的来说，大学生对当代价值观念的认同呈现越来越强的趋势。另一方面，在"互联网＋"时代，新媒体快速发展，除了传统的博客、论坛，还有抖音、快手等各种直播平台信息庞杂，而大学生辨别能力有限，很容易导致产生多重倾向的价值观，从而陷于认同困境。正是因为陷于认同困境，一些大学生就缺失了对中国特色社会主义理论认同。而中国特色社会主义理论认同教育目标，就是要让大学生通过受教育摆脱这种认同困境，切实达到大学生对马克思主义理论、对中国特色社会主义理论体系的认同目标。

二、高职院校大学生中国特色社会主义理论认同的心理构成

（一）认知认同

认知是指人们对于新鲜事物从最开始接触到对其进行头脑加工最终进行应用的过程。认知是人脑对外部信息进行加工，转化为情感、知觉、理念、语言等心理过程。人在接触外在事物或理念时，首先经由大脑进行初步加工，而后内化为一定程度的心理活动并形成固定的思维理念，最终外化为支配人的实践行为，这就是认知过程[197]。

认知认同是指引导大学生在对中国特色社会主义理论感性认识的基础上达到对其理性认识，进而对其产生情感并作为自身行动指南。认知认同是心理认同的一个分支，是中国特色社会主义理论心理认同的基础。大学生中国特色社会主义理论认知认同是指大学生学习、吸收、理解中国特色社会主义理论体系的内容并对其承认、肯定和赞同。认知认同意味着大学生需要了解中国特色社会主义理论体系的基本概念和内涵、历史背景和来源、形成与发展过程以及实践意义，并领会其政治意蕴、文化含义和价值导向。

认知认同的目的不仅仅是对教育内容的知晓和理解，更要达到心理层面的认同，坚信其正确性。认知认同无法在短时间内一次性完成的，需要对同一内容在一定时间段反复多次才能形成。所以，对于中国特色社会主义理论认同要注重教育长期性和针对性，既要创新优化教育方法，又要丰富教育内容，从而使认同主体全面而深入地理解教育内容涵盖的知识点，并达到熟知、亲切和承认的程度，进而实现认知认同[198]。中国特色社会主义理论认同教育活动对其内容、价值、理念等进行浅层次的识别与认知，是心理认同的基础阶段。

（二）情感认同

情感作为一种社会意识的基本形式，检验客观事物是否符合行为主

体的需要，强调行为主体的主观体验。这种体验反映的是客观事物与人的需要之间的关系。当客观事物符合行为主体主观需要，行为主体就会产生积极的情感；反之就会形成消极的情感。情感对人的行为既能产生积极的增力作用，也会产生消极的减力作用。要充分发挥情感认同所产生的自豪、幸福等积极情绪，同时避免消极情绪所产生的负面影响。

情感认同的内涵是外部刺激对个人情感产生正向刺激的时候，个体从情感上对它产生模仿与同化的过程。情感认同与认知认同相比更具有倾向性和感染性，在中国特色社会主义理论认同中发挥着独特作用。

中国特色社会主义理论的情感认同就是人们对中国特色社会主义理论体系产生一致认可的心理过程和尊崇跟随的倾向性情感活动。在认同过程中，情感主要发挥着促进认同形成和价值内化的动机功能，能够激发和维持人们的认同行为，并影响和感染他人。情感认同在中国特色社会主义理论认同系统中居于第二层次，对认知认同具有调节作用，对价值认同具有驱动作用，对行为认同具有指导作用。通过发挥情感认同的内驱力，巩固认知认同的理性认知程度，为价值认同提供稳定的心理背景，指导人们自觉地践履行为，推动中国特色社会主义理论认同升华[199]。

培育大学生中国特色社会主义理论情感认同应从大学生的内心情感出发，适应大学生的精神需求，激发大学生的集体荣誉感，优化大学生群体的道德氛围，发挥教育引导作用，使大学生对中国特色社会主义理论情感认同层层递进[200]。

（三）价值认同

价值认同的内涵是价值主体对他人或团体组织表现的理念、行为与规范等认可和肯定的心理过程，并常常以内化于心、外化于行的形式表现出来。价值认同的本质是"主体对客体的有用程度满足自身需要的心理认同"[201]。中国特色社会主义理论的价值认同是大学生对这一理论体系所承载的内在尺度、原则方法、理想信念、价值规范等与个人、群体价值实现的共同性的思考、判断、综合、领悟与接受[202]。

价值认同过程是价值主体将社会倡导的价值观通过实践活动内化为自我价值观，指导自己的行为，实现从外部影响到自律的过程，构建价值认同过程的重点在于价值观念内涵的方向一致、和谐统一，包括认知、内化和外化三个阶段。价值认同在本质上是个人认同、群体认同、社会认同的辩证统一，遵循"经验—情感—理性"的逻辑[203]。

大学生要保持正确的政治立场，表现为具有坚定的马克思主义信仰以及对中国特色社会主义道路、理论、制度和文化的自信。大学生要有理性判断和评价政治现象的能力，高度信任党和政府，对社会主义现代化建设充满信心。大学生要有积极的政治态度，高度认同国家的政治体系，理性认知自己的政治角色。在此基础上，大学生要对中国特色社会主义理论具有价值认同，由此产生的正向情感能够促使其主动学习，从而更加全面深入地掌握中国特色社会主义理论体系。大学生如果缺乏对中国特色社会主义理论的价值认同，就会在学习活动中有所保留或选择性参与，从而影响中国特色社会主义理论认同教育的效果。

（四）行为认同

大学生中国特色社会主义理论行为认同的内涵有以下几个方面：一是行为认同由一定的驱动力产生。中国特色社会主义理论的行为驱动力是由所蕴含的价值理念的好感、肯定的态度以及积极的评价而产生的[204]。二是行为认同是知与行统一的过程，要将认识落实在行动。行为认同以养成固定的行为习惯为靶中心，是情感认同的升华。大学生对中国特色社会主义理论的行为认同是其行为与思想逐步统一的过程，是考量认同水平的重要内容。三是以知促行强化动机。大学生通过深入的理论学习，能够切实感受中国特色社会主义理论的真理性和价值性，从而增强认同中国特色社会主义理论的行为驱动。四是以行求知升华认同。具体行为体验能够激发大学生对中国特色社会主义理论正确性、可信性的主动、深入思索，提高认知水平，增强践行意志[205]。认同教育

"知、情、意、行"的规律，不仅体现在认知、认同等内化于心的方面，还表现在坚定"四个自信"、"五个认同"等信念，自觉投入到中国特色社会主义事业等外化于行的过程，并且"认知、认同"只有经过"坚定、实践"的环节才能真正得以检验。

三、高职院校大学生中国特色社会主义理论认同的心理学过程

（一）大学生中国特色社会主义理论认同环节

中国特色社会主义理论认同是作为主体的高职院校大学生与作为客体的中国特色社会主义理论体系之间在认知、情感、意志和行为四个维度上建立一体化联结过程[206]。认知—情感—意志—行动心理过程作为一个整体，又包含认知认同、情感认同、价值认同和行为认同四个环节。认知认同是中国特色社会主义理论认同的第一个环节，是中国特色社会主义理论认同的基础，没有全面深入的认知，对中国特色社会主义理论认同就缺乏牢固的基础，是无法持久的，认知认同的程度决定情感认同、价值认同和行为认同的程度。情感认同包括大学生对中国特色社会主义理论体系内容的认同以及对中国特色社会主义理论认同教育本身的认同，大学生经历中国特色社会主义理论和实践的情感体验、情感接受和情感意志等具体环节而产生的认可、接纳、赞同等积极心理反应，是实现中国特色社会主义理论体系从认知认同向价值认同进阶提升的催化剂。价值认同是大学生对中国特色社会主义理论体系所蕴含的价值观念以及中国特色社会主义理论认同教育所产生价值的认同，价值认同是中国特色社会主义理论认同的驱动力。行为认同是中国特色社会主义理论认同的归宿和落脚点，使大学生将中国特色社会主义理论体系外化到日常生活、学习和工作中去，在实际行动中加以践行。

中国特色社会主义理论认同的四个环节各具特点，每个环节之间既相互区别又相互关联，共同构成中国特色社会主义理论认同的整体性过

程。一是各个环节按照一定的顺序依次进行，这个顺序说明了中国特色社会主义理论认同的内在逻辑，反映了人的认识发展的基本规律。二是中国特色社会主义理论认同是包含四个认同环节的整体性过程，不是其中某几个环节的认同，也不是各个认同环节的简单加总，而是能够实现1+1>2的总体效应，在动态发展过程中实现创新和优化的整体性认同。三是各个认同环节都要受到中国特色社会主义理论认同整体性过程的统摄，即：整体性过程的最终认同目标规定各个认同环节的目标，各个认同环节综合效果体现整体性过程的效果。四是中国特色社会主义理论认同整体性过程可以分割成各个环节，每个环节都是整体性过程的必要阶段，但是某个环节的完成只代表实现了认同的部分目标，将进入下一个认同环节，所有认同环节都经历了，意味着本轮认同过程结束，新一轮认同过程开启。与前一轮认同过程相比，新一轮认同过程的认同目标更高、认同效果更显著[207]。

（二）大学生中国特色社会主义理论认同阶段

中国特色社会主义理论认同包含内化与外化两个阶段。内化阶段是通过教育、宣传或实践使高职院校大学生接受中国特色社会主义理论体系理念、知识、目标与态度等观点和看法，并将其转化为个体内在的知识、价值理念、行为规范和态度。内化的阶段可以看作是认知—情感—意志的心理过程。外化的阶段是高职院校大学生将中国特色社会主义理论体系的知识、观念和态度转化为行为的过程，是中国特色社会主义理论体系从被动接受到主动认同再到自觉践行的过程，也可以看作是从意志到行为的过程。内化与外化是一个统一的过程，两者不能割裂，内化过程为外化过程做心理过程准备，外化是内化的实施过程和外显过程，只有出现外显行为才能完成外化过程，中国特色社会主义理论认同需要经过从认知到情感再到意志的内化阶段和从意志到行为的外化阶段[208]。

中国特色社会主义理论认同过程内化和外化阶段不可分割，先内化后外化的顺序不能颠倒。内化阶段是中国特色社会主义理论认同的前提和基础，为外化阶段提供了理论依据，没有中国特色社会主义理论认同的内化阶段就无法过渡到认同的外化阶段。对中国特色社会主义理论体系的内化认同不是一次或者几次理论教学、宣传宣讲就能实现的，即使已经形成的认知、情感和思想观念也有可能改变。外化阶段是中国特色社会主义理论认同的高级阶段，是验证中国特色社会主义理论认同教育效果的阶段，没有认同的外化阶段就不能证明认同教育的实效性，外部环境等因素的变化会对大学生的思想观念产生影响，因而有必要加强中国特色社会主义理论认同影响因素的研究，推动理论认同从内化阶段向外化阶段的转变。总之，中国特色社会主义理论认同是内化阶段与外化阶段相互交织、相互影响的心理过程，内化阶段和外化阶段统一于中国特色社会主义理论认同教育过程的始终。

四、高职院校大学生中国特色社会主义理论认同的心理机制

大学生对中国特色社会主义理论认同的心理机制是指大学生中国特色社会主义理论认同中的认知、情感、意志、信念和行为等因素的相互关系和相互作用，主要包括认知认同机制、情感认同机制、价值认同机制和行为认同机制[209]。

（一）认知认同机制

认知认同机制是指引导大学生在对中国特色社会主义理论体系感性认识的基础上达到对其理性认识，进而对其产生情感并作为自身行动指南的机制[210]。

人的心理活动并不是简单地按照知、情、意、信、行的顺序运动的，不同个性的心理特征，导致知、情、意、信、行的诸心理因素的发展也是不平衡的。这种心理机制的特点，决定了教育者要从受教育者心理基础的现状出发，创造良好的心理环境，有针对性地加强受教育者内

在心理因素的训练和培养，形成新的心理机制的内部平衡。人的心理认知结构包括两个层面和三个阶段，两个层面是感性认识层面和理性认识层面；三个阶段是被动认知阶段、自愿认知阶段和理性内化阶段[211]。认知认同机制属于感性认识层面和被动认知阶段，发挥认知认同心理机制的基础作用，就是让大学生从感官上接触到中国特色社会主义理论体系，建立对中国特色社会主义理论体系相关内容的感性认识。通过中国特色社会主义理论认同教育过程，使模糊化、理论化的中国特色社会主义理论体系具象地呈现在大学生的感官世界，帮助大学生建构起中国特色社会主义理论体系的认知，使其以丰富、生动的形象存在于大学生的精神世界之中。

当代大学生对中国特色社会主义理论体系的认知认同取决于理论的彻底性。中国特色社会主义理论体系作为被认知的对象，其内容既有主体对社会现实的理解，也有主体对价值关系的认识和评价。在这一认知和评价活动过程中，存在评价主体和价值主体的双重主体性。大学生对中国特色社会主义理论体系具有高度的认知认同度，但是大学生对中国特色社会主义理论体系的高度认同缺乏知识知晓的支持[212]，属于缺乏理论知识支撑的非理性认同，是建立在对中国特色社会主义实践所取得巨大成就和不断改善民生福祉的见证、体验和感受基础上的朴素认同[213]。中国的伟大成就离不开中国特色社会主义理论体系的指导，加强大学生对中国特色社会主义理论知识的系统了解，不仅要让他们知晓中国发展的伟大成就，更要让大学生知晓中国特色社会主义为什么好，实现大学生中国特色社会主义理论认同从朴素认知认同提升到理性认知认同的机制转变。

中国特色社会主义进入新时代，高职院校大学生缺乏对中国特色社会主义理论体系形成和发展的感性认识，也缺乏抽象思维能力，因此对中国特色社会主义理论体系的基本观点和基本理论停留在机械认知层面。推进中国特色社会主义理论认同教育，需要充分发挥思政课的主渠道作用，通过系统地进行思想政治理论课程教学实现大学生对理论从不知道到知道、从不了解到了解。通过加强理论阐释，讲深、讲透、讲活理论的基本概念、体系框架等问题，培养大学生正确的世界观、人生观和价值观，用"理论"的科学性、彻底性说服人，帮助大学生形成对中国特色社会主义理论体系的正确认知和价值认同，并逐步内化[214]。

因此，发挥好思政课作为中国特色社会主义理论认同教育主渠道的作用，需要不断改进教学手段和方法，激发大学生对思政课的学习兴趣。在讲授中国特色社会主义理论体系的过程中，不仅要告诉学生中国特色社会主义理论体系的内涵和内在逻辑是什么，还要重点讲解"为什么"，加深大学生对中国特色社会主义理论体系的认知，并在认知基础上提高大学生对中国特色社会主义理论体系的认同。

（二）情感认同机制

情感认同机制是建立在对中国特色社会主义理论体系认知认同基础之上，调动和激发大学生信任、感激、愉快和激情等积极情感，进而为大学生中国特色社会主义理论体系从认知认同向价值认同转化的铺垫机制[215]。当认同主体对某一价值观念产生心情愉悦的情感时，他们才愿意深入了解学习，并内化为自己价值体系中的一部分。因此，要充分发挥中国特色社会主义理论的情感认同机制的作用。情感认同机制属于感性认识层面和自愿认知阶段。这一环节充分地发挥认同的教育作用，使大学生对中国特色社会主义理论体系由被动认知阶段转换到主动认知阶段，同时也使大学生体验中国特色社会主义理论体系中的精神实质，帮助大学生在内心建立起内在客体。

情感认同机制首先要坚持寓情于理。在讲授、解读中国特色社会主义理论体系的具体内涵时，要将情感因素寓于对中国特色社会主义理论体系具体内容中，思想政治理论课教师要合理运用案例法教学，引起学生的情感共鸣，坚持"情理相融"，坚持思想性与趣味性的统一、真理性与艺术性的统一。共鸣是情感上共同的记忆、经历、体验、话题。

"00 后"大学生没有亲身经历中华人民共和国成立、改革开放、香港澳门回归等大事件，就无法像"60 后""70 后"那样对社会主义建设和改革开放产生很强烈的情感共鸣。中国特色社会主义进入新时代之后，发展进程契合"00 后"大学生成长的过程，"00 后"大学生见证了中国在经济、政治、文化、社会、生态文明等各方面取得的伟大成就，也享受了发展成果，因此"00 后"大学生对新时代中国特色社会主义理论体系的情感认同更加强烈。

情感认同机制还要充分用好情感语言。中国特色社会主义理论体系的宣传和教育不光要科学准确地表达，也需要运用生动的语言载体。因此，开展宣传教育时，需要运用富有感染力的语言将中国特色社会主义理论体系的要点表达出来，从而产生思想上的共鸣。当代"00 后"大学生情感丰富，热爱国家、有社会责任感、集体荣誉感强，积极的情感体验可以升华为政治道德信念，并外化为行动。因此，大学生的情感认同是推进认知认同向价值认同转化提升的催化剂。

榜样的作用也需体现在情感认同机制当中。榜样对大学生具有强大的吸引力，他们会积极主动向榜样学习，以期望获得他人的肯定，从而实现个人价值。运用这一机制实现情感认同正是基于榜样人物所具有的示范作用和激励作用，通过个体对榜样人物的效仿而增强对中国特色社会主义理论体系的情感认同度和自觉践行度。无论是伟大建党精神、雷锋精神、抗疫精神和劳模精神还是大学生身边的榜样，都能激发大学生的情感共鸣，给予大学生正向激励。

从情感认同路径来看，一是在日常的宣传教育中，将中国特色社会主义理论体系的主要内容融入真实事迹，通过生动的语言表达出来，从而促进大学生在思想、情感上产生共鸣。二是深化爱国主义教育，在大学生中牢固树立爱国主义精神，通过讲述典型人物事迹、冬奥精神、女排精神、航天精神、抗疫精神等进行爱国主义教育，让大学生了解中国发展历程、重大成就，不断激发大学生的民族自豪感和自信心，从而进一步深化爱国主义情怀[216]。三是激发大学生学习思政课的内在动力，将大学生面临学业和就业压力、恋爱交友、心理健康这些现实问题纳入思想政治理论课教学内容，观照现实需求，减少大学生负面情绪。教师应引导大学生认同主流社会价值观，树立远大理想，弘扬求真务实、真抓实干的精神，将个人奋斗与国家富强紧密联系起来，立志为中华民族伟大复兴贡献力量。

（三）价值认同机制

价值认同机制是指以中国特色社会主义理论体系为思维框架，以中国特色社会主义共同理想作为价值追求和理想信念，调节和驱动大学生行为，形成对中国特色社会主义理论体系的价值认同态度和行为倾向的机制。理想信念建立在一定认知体系和情感基础之上，是支配人们朝着自己既定目标持续向前的动力所在。大学阶段是理想信念形成的重要时期，培养大学生的理想信念非常重要，思政工作者应高度重视大学生的思想动态，开展大学生理想信念教育，加强理论学习和实践活动。通过形式多样的实践活动让大学生真正感受革命者的英雄主义和爱国主义精神，坚定共产主义远大理想信念，将大学生培养成为合格的社会主义建设者和接班人。

从价值认同路径来看，一是坚定理想信念，加强理论学习。大学生通过思想政治理论课获得理论知识。2019 年 3 月，习近平总书记在学校思想政治理论课教师座谈会上指出：推动思想政治理论课改革创新要遵循"八个相统一"的要求，将主导性与主体性统一起来向大学生系统地传授理论知识体系[217]。大学生对中国特色社会主义理论的相关知识通晓程度一般，与党和国家的理论宣传的目标尚存在较大差距。网络渠道是大学生获取思想理论知识的渠道之一，他们会上网关注时事新闻，但没有通过网络系统地掌握中国特色社会主义理论的具体内容，理论知识主要通过思想政治理论课程，尤其是《毛泽东思想和中国特色社会主义理论体系概论》和《习近平新时代中国特色社会主义思想概论》等课程获得。二是发挥引导作用，磨炼意志品质。在中国特色社会主义理论认同过程中，针对认同主体意志和信念特点，充分发挥理想信念引导作用。大力发展生产力，满足人民群众日益增长的美好生活需要，体现社会主义制度的优越性，大学生在感受民生福祉的同时，会增强对中国特色社会主义的认知、情感和价值认同。在这一基础上，大学生才能强化已有的社会主义信仰，并积极投身学习和生活。三是积极引导大学生正视发展中出现的各种矛盾和难题，如贫富差距问题、环境污染问题、贪污腐败问题等，引导大学生深刻理解复杂矛盾的阶段性，在攻坚克难中不断磨砺意志，促进其内心价值判断与矛盾斗争的完成，最终形成坚定的理想信念。因此，充分运用价值认同机制，引领大学生远离落后的思想观念，秉持高尚理智的思想观念，有效防止错误行为的发生，自觉调整心态，实现对中国特色社会主义理论体系更高层次的价值认同。

（四）行为认同机制

行为认同机制是在践行中国特色社会主义理论体系的过程中，发挥行为习惯和思维定势的作用，进一步强化中国特色社会主义理论认同的机制。行为是主观意识的外在表现，是人们内心世界的路线。大学生对中国特色社会主义理论体系是否最终认同，判断标准就是是否践行。对中国特色社会主义理论认同不能只停留在理性认知和情感认同上，更重要的是将认知和情感内化为人们的价值准则和行为规范，并指导人们的实践活动[218]。

强化行为认同，一要重视践行。让大学生在社会实践中真正理解并认同中国特色社会主义理论体系。大学生通过参与思政课教学活动、社会实践，在内心深处获得对中国特色社会主义深切领悟和赞同的"意义情感"，形成对中国特色社会主义理论体系内在的、具体的、深刻的领悟。二要反复躬行，形成行为习惯。高职院校应积极组织生产性实践和社会实践，带领大学生走进革命教育基地深入理解"四史"，走进工厂了解我国现代制造业的发展现状，进入田间地头了解我国新农村建设情况，走进部队了解我国现代化军队建设情况等，让大学生通过社会调研、实地调查开阔眼界、增长见识，在实践中履行道德规范，作出价值选择，使思想政治教育内容更贴近大学生，满足大学生成长成才的需求，促进大学生对中国特色社会主义理论体系的心理认同。

从大学生对中国特色社会主义理论认同路径来看，要把中国特色社会主义理论认同教育融入大学生思想政治教育全过程，就要围绕中国特色社会主义理论体系的基本内容，充分运用网络的优势，广泛开展宣传教育，使中国特色社会主义理论体系被大学生所熟悉和认同。在大学生认同教育中，要注重长期性、针对性、重复性，要丰富教育内容，创新教育方法，增强理论彻底性，从而使认同主体获得对该内容所涵盖知识的全面而深入的理解，并达到熟知、亲切和承认的程度，进而实现认同[219]。

第五章　高职院校大学生中国特色社会主义理论认同教育现状及存在的问题

在高职院校大学生中开展中国特色社会主义理论认同教育，不仅要让大学生理解、掌握"理论体系"的各个组成部分的内容，还要掌握不同时期理论之间的相互关系、精髓、逻辑起点和进路、历史地位和指导意义，进而形成对中国特色社会主义理论体系的情感认同，坚定中国特色社会主义这一共同的理想信念，做党的创新理论的坚定信仰者和忠实实践者。考察与测量思想政治教育不同环节对"理论"认知、认同的影响，分析"理论"认知、认同现状及成因，对增强中国特色社会主义理论认同教育的针对性和实效性具有重要意义。

一、调查设计与实施

本研究以新疆 5 所高职院校在校大学生为研究对象，发放"高职院校大学生中国特色社会主义理论认同教育研究"纸质版调查问卷1300 份，回收问卷1247 份，回收率为 95.9%，其中：有效问卷 1208份，有效回收率为 92.9%。数据样本的基本情况如下：1208 名调查对象中：乌鲁木齐职业大学、新疆职业大学、巴州职业技术学院、阿克苏职业技术学院和新疆建设职业技术学院的调查人数占总人数的比率分别为：25%、15.89%、17.72%、21.77% 和 19.62%。调查问卷见附件。

二、从调研数据把握高职院校大学生中国特色社会主义理论认同教育的现状

党的十八大以来，高职院校思想政治教育发生深刻变化，思政课地位和作用不断提升，思政课教学改革方兴未艾，"大思政"格局逐步形成，尤其是习近平总书记主持召开学校思政课教师座谈会，并发表重要讲话，进一步推进学校思想政治教育工作，增进大学生对中国特色社会主义的认同[220]。

（一）对中国特色社会主义理论体系认知度较高，但不够全面深入

调查表明，在"您对中国特色社会主义理论体系是否知晓"一项，大学生选择"非常了解"的人数占调查人数的 46.44%，选择"比较了解"的人数占调查人数的 53.56%，100% 的大学生表示"比较了解"或"非常了解""理论体系"。为了进一步考核大学生对"理论体系"的实际认知情况，设计 8 道判断题，其中：5 道题正确，3 道题错误。（见表 5-1）通过对调查问卷数据进行分析可以发现：现阶段，高职院校大学生对于中国特色社会主义理论体系认知不够全面准确，不够深入，能够深刻理解有关观点的大学生仅占被调查者的 35.56%，比较准确把握的占 39.25%，部分了解和领会的占 9.9%，不太了解和领会的占 15.29%。然而，在"您对中国特色社会主义理论体系是否认同"一项，大学生选择"非常赞成"的比率是 46.94%，"比较赞成"的比率是 49.92%，"中立"的比率是 3.15%，认同"理论体系"的比率高达96.85%，出现认知度低而认同度高的现象。

表 5-1 中国特色社会主义理论体系认知情况调查

序号	题　　目
1	只有改革开放中国才有出路，改革开放只有进行时没有完成时。
2	让市场在资源配置中起决定性作用，意味着不需要政府的作用。

序号	题 目
3	中国特色社会主义是中国为发展中国家走向现代化贡献的中国智慧和中国方案。
4	目前我国的国际地位是中等发达国家。
5	实现中国梦必须走中国道路,这就是中国特色社会主义道路。
6	创新、协调、绿色、开放和共享的新发展理念中,协调是引领发展的第一动力。
7	在中国共产党的坚强领导下,充分发挥中国特色社会主义制度优势,紧紧依靠人民群众,我国一定能够战胜新型冠状病毒感染的肺炎疫情。
8	中国经济总量已跃居世界第二,成功实现从低收入国家向中等收入国家的跨越。您认为根本原因是什么?

(二)对中国特色社会主义理论认同度总体较高

为了进一步判断高职院校大学生对"理论体系"观点认同情况,本研究设计了8个问题进行考核。从调查数据来看,大学生对"理论体系"认同度总体较高。在"您对我国当前政治形势的看法"一项中,选择"非常稳定""比较稳定"和"中立"的学生比率分别为51.74%、46.61%和1.66%。在"您对党中央领导集体推出一系列经济建设重要举措的看法"一项中,选择"非常好""比较好"和"中立"的学生比率分别为51.08%、44.87%和4.06%。此外,"对当前党和国家的反腐败工作的信心"一项选择"非常有信心"和"比较有信心"的学生分别占被调查者的51.82%、41.37%。"对中国特色社会主义道路的信心"一项选择"非常有信心"和"比较有信心"的学生分别占57.2%、40.81%。"对战胜新型冠状病毒感染的肺炎疫情的信心"一项选择"非常有信心"和"比较有信心"的学生分别占50.17%、46.44%。(见图5-1)由此可见,高职院校大学生对中国特色社会主义理论情感认同度较高。我国取得了举世瞩目的伟大成就,中国特色社会主义理论体系在回应改革开放以及社会主义现代化建设实践现实问题的过程中,理论魅力不断释放,增强了高职院校大学生对中国特色社会主义理论的价值认同。

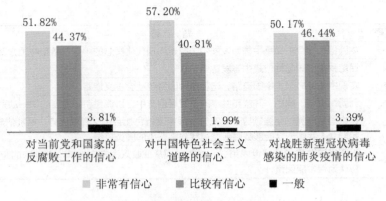

图 5-1　高职院校大学生对中国特色社会主义理论认同情况

（三）高职大学生对"理论体系"的认知认同度高于其他社会思潮

数据显示：一方面，对"中国特色社会主义理论体系"一项，46.44%的调查对象表示"非常了解"，53.56%的调查对象表示"比较了解"。而表示"比较了解"或"非常了解"新自由主义、历史虚无主义、民主社会主义和民粹主义等其他社会思潮的大学生分别占39.57%、36.67%、40.23%和36.42%，远低于对"理论体系"的认知度。另一方面，对"理论体系"、新自由主义、历史虚无主义、民主社会主义和民粹主义等其他社会思潮"非常赞成"的学生比率分别为46.94%、24.75%、18.96%、21.77%和17.96%，"比较赞成"的学生比率分别为49.92%、27.32%、24.01%、25.17%和19.45%，可见高职院校大学生对"理论体系"的认同度高于其他社会思潮，而且对其他社会思潮同样存在认知度低但认同度高的表象化问题。

（四）课堂讲授、讲座和政府宣传是认知认同中国特色社会主义理论体系最重要的载体

思想政治教育载体是思想政治教育主体在实施思想政治教育过程中承载和传导思想政治教育内容和信息而运用的活动形式和物质实体。问卷调查显示：高职院校大学生认为对认知认同中国特

色社会主义理论体系发挥积极作用由大到小的载体依次为：课堂讲授、讲座、政府宣传、广播电视、报纸杂志、宣传板报、书籍、网络、内部文件、微信、朋友家人、电影、微博、QQ 和手机短信。（见图 5-2）第一，高职院校大学生认为课堂讲授、讲座和政府宣传对认知认同中国特色社会主义理论体系发挥"非常积极作用"的比率分别为 45.7% 和 44.7%，发挥"比较积极作用"的学生比率分别为 48.34% 和 44.04%。由此可见，课堂讲授、讲座和政府宣传被看作对认知认同"理论体系"最有积极作用的载体，因此，办好思想政治理论课意义重大。第二，广播电视、报纸杂志、宣传板报、书籍等传统载体排名靠前，微信、微博、QQ 和手机短信等新型载体排名靠后，由此可见，相对于新型载体而言，高职院校大学生认为广播电视、报纸杂志、书籍等传统载体对于认知认同中国特色社会主义理论体系发挥的作用更加积极，手机短信对于中国特色社会主义理论认知认同发挥的作用最不被认可。第三，大学生获得信息离不开网络，但是高职院校大学生认为"网络"对于中国特色社会主义理论认知认同所发挥的作用有限（排

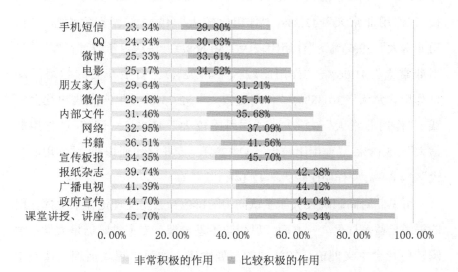

图 5-2　大学生认为各种载体对"理论体系"认知认同发挥作用情况

名居中），因为网络被看作一把双刃剑，充斥正面和负面信息，需要大学生去筛选鉴别。因此，高职院校大学生期待净化网络媒体，强化正面教育。第四，大学生认为朋友家人对认知认同中国特色社会主义理论体系发挥"非常积极作用""比较积极作用"的比率分别是29.64%、31.21%，尽管对朋友家人信任，但是朋友家人交往过程中较少系统研究、讨论中国特色社会主义理论体系，而且大学生对朋友家人传递的思想理论信息准确性并不完全信任。

（五）党、团和学生会组织开展的教育活动和思想政治理论课是中国特色社会主义理论认知认同最重要的途径

思想政治教育途径是指思想政治教育主体对受教育者施加影响采用的方式和渠道。实施思想政治教育的途径需要借助一定的载体，而要获得更好的教育效果，往往需要综合使用多种思想政治教育载体[221]。数据调查显示，高职院校大学生认为对中国特色社会主义理论认知认同发挥作用由大到小的渠道依次为：党、团和学生会组织开展的教育活动（"作用非常大"45.61%、"作用比较大"48.26%）、思想政治理论课（"作用非常大"43.21%、"作用比较大"50.33%）、广播、电视（"作用非常大"42.3%、"作用比较大"49.42%）、专家讲座（"作用非常大"39.65%、"作用比较大"50.66%）、班级日常教育管理（"作用非常大"41.06%、"作用比较大"44.78%）、自主开展的学习活动（"作用非常大"30.38%、"作用比较大"52.73%）、生产实践和社会实践（"作用非常大"32.62%、"作用比较大"45.7%）、网络（"作用非常大"35.18%、"作用比较大"42.72%）、专业课和通识课（"作用非常大"34.44%、"作用比较大"42.14%）。

可见，对高职院校大学生认同中国特色社会主义理论体系发挥作用的渠道日益多样化。一方面，思想政治理论课、专家讲座仍是大学生中国特色社会主义理论认知认同的重要途径，加强思想政治理论课教学是增强大学生中国特色社会主义理论认同的关键。另一方面，党、团和

学生会组织开展的教育活动被大学生看作中国特色社会主义理论认知认同最重要的途径。教育活动作为多样途径在思想政治教育中发挥着隐性教育的作用，高职院校大学生更愿意接受这种"春风化雨，润物无声"的教育。

三、高职院校大学生中国特色社会主义理论认同教育存在的问题

（一）理论层面：对中国特色社会主义理论认知不够深入

通过问卷调查，100%和96.85%的被调查者表示认知和认同中国特色社会主义理论体系。但是进一步考察大学生对"理论体系"内容和观点实际掌握情况发现，25.19%的大学生不太了解或者仅能理解和掌握部分理论体系内容和观点。缺乏对理论体系内容的高度认知，就缺乏从认知到认同的重要环节，建立在低认知度基础上的认同是表象化认同，无法稳定持久，在现实困境面前容易产生理想信念的动摇，对"理论体系"的质疑[222]。

"中国特色社会主义理论体系"是一个完整的理论体系，其理论丰富深邃，体系严密系统，思维抽象，逻辑性强，不易学懂弄通，这是造成高职院校大学生认知度低的主要原因之一。此外，2019年6月教育部颁布《关于职业院校专业人才培养方案制订与实施工作的指导意见》，要求三年制高职院校制定专业人才培养方案总学时数不低于2500，实践性教学占总学时50%以上，鼓励学生自主学习。由于实操课程所占比重较大，理论教学时数相应减少，高职院校大学生理论基础相对薄弱，学习理论的自觉性和主动性欠缺，造成高职院校大学生对于中国特色社会主义理论认知不够深入，在内容上缺乏对于中国特色社会主义理论体系的完整准确掌握，在形式上缺乏对于思想政治理论课的重视和关注。现阶段要解决这个问题，必须从内容和形式两方面入手，两手都要抓，两手都要硬。

（二）实践层面：对中国特色社会主义理论体系的体验不够真切

中国特色社会主义理论体系，继承和发展了马克思主义实践性的特征，这是中国特色社会主义的特征，同时也是优势。马克思主义的实践性，指其来源于实践，并指导实践，在实践中得到检验、丰富和发展，循环往复地发展。高职院校大学生，普遍都是应届参加高考的学生，是从学校到学校一步步走过来的，很少参加过工作，甚至基本没有参加工作。一方面，大学生不能从生活和工作中，去检验中国特色社会主义理论体系的真理性，没有切身体会的实践；另一方面，大学生不能或者很少有机会去用中国特色社会主义理论体系指导实践活动，无法切实体验其强大的实践指引力。因此，实践的缺乏，导致了大学生们没有对于中国特色社会主义理论体系的自身体验，感觉离自己很远，从而影响了认同度的提升。

（三）情感层面：对中国特色社会主义理论体系的共鸣不够强烈

情感认同是认同教育的一个重要内容。认同是一个感性到理性的过程，首先是情感上的认同，其次才是价值认同。个人情感上的认同，需要到达群体的认同，则必须要有共鸣。共鸣可以理解为情感上共同的体验、共同的记忆、共同的话题，包括：个人与群体的共鸣，群体与群体之间的共鸣。现阶段，高职院校的大学生，基本上为"00后"，没有亲身经历过中华人民共和国成立、改革开放等历史转折事件。而中国特色社会主义理论体系阐述马克思主义中国化理论成果的主要内容、逻辑演进、内在机理和外在机制，充分体现了中国共产党思想发展史的脉络，揭示了马克思主义理论是如何通过改造中国共产党人的主观世界，从而达到改造中国的客观世界的。中国特色社会主义理论体系就是中国共产党将马克思主义基本原理与中国具体实际相结合、与中华优秀传统文化相结合提出的具有中国特色的社会主义理论。"00后"大学生对于中国特色社会主义理论体系的共鸣，就不如上几代人那样强烈。但是，每一代人都有每一代人的新征程。若干年后，当大学生回想起他们的青春奋斗年华正好与中国特色社会主义进入新时代的历史方位契合，并为此做出自己应有的贡献时，使命感和自豪感会油然而生。所以，加强大学生对于中国特色社会主义历史和现实的共鸣，显得至关重要。

（四）价值层面：对中国特色社会主义理论体系的价值认同不够准确

理论认知，实践体验，情感共鸣，最终要落到价值认同上来。中国特色社会主义的价值认同是指人们关于中国特色社会主义价值的一种积极认知评价。简言之，就是人们对于中国特色社会主义能否满足自身需要的积极主动的认知评价。中国特色社会主义的价值认同，包括根本认同，多维认同，多层次认同。根本认同，在于它比资本主义优越，能够实现人的自由而全面发展。多维认同，即"五位一体"的认同。多层次认同，在于满足人的层次性需求。中国特色社会主义进入新时代，我国社会主要矛盾的变化，揭示了这个多层次、多元化需求的改变。现阶段，高职院校大学生因为对中国特色社会主义理论层面缺乏认知、实践层面缺乏体验、情感层面缺乏共鸣，导致价值层面缺乏认同。一方面，从根本上讲，部分高职院校大学生对中国特色社会主义的优越性认识还是不够深入，还没有正确认识到社会主义初级阶段出现的问题和中国特色社会主义倡导的价值追求的关系；另一方面，现阶段，我国还处在社会主义初级阶段，人们需求的一些结构性矛盾，还没有更好地解决，现阶段的生活状况与人民对于美好生活的向往还存在差距。突出地体现为，大学生对于社会所出现的问题常常不能理性认识和分析，从而对于价值观的认知出现偏差，甚至影响自己的人生。

四、高职院校大学生中国特色社会主义理论认同教育现状的成因分析

当前大学生中国特色社会主义理论认同度虽然较高，但是对中国特色社会主义理论认知不够深入，对"理论体系"的深层次理论问题认识

模糊，缺乏中国特色社会主义理论自信，在思想、实践、情感和行为对"理论体系"的不完整性认同，存在表象化认同问题，究其原因主要有以下几个方面：

（一）大学生自身原因

2018年秋季以后，"00后"开始步入大学校园，成为大学生的主力军，并很快成为大学的唯一群体。

1. 大学生心理因素的不稳定性影响中国特色社会主义理论认同的形成

大多数"00后"大学生是独生子女，出生在"421"家庭，家庭经济条件比"80后""90后"大学生更好，来自家庭的关爱更多，大学生与父母、教师之间的关系更加平等、和谐、开放，因而更倾向于自主化的学习方式和生活方式。"00后"大学生在网络交友、网络购物、网络学习、网络娱乐过程中既获得新鲜、便捷、即时、互动的体验，也呈现出心理因素不稳定的倾向：一方面"00后"大学生的需求变化较快，喜欢不断寻求新鲜事物和新奇感受，选择随意性大；另一方面"00后"大学生遇到挫折时抗挫折能力较弱，不能保持持久的意志力确保学习或工作任务的完成[223]。

中国特色社会主义理论认同是由知、情、意、行等思想政治要素综合发展的形成过程，其中："知"是对中国特色社会主义理论体系形成、基本问题、主要内容、历史地位和思想精髓以及逻辑结构的深入理解，对"理论体系"各个组成部分之间关系及蕴含的方法论的科学把握。"情"是个人基于社会现实条件和历史条件以及自身的需要，对"理论体系"进行判断的基础上产生的正向或反向的情感体验。"意"是"理论体系"认知的基础，通过调节和控制对"理论体系"的情感态度，促进大学生从对"理论体系"认知向践行"理论体系"转化的价值心理活动过程。"行"是指"理论体系"从认知向具体行为的转化[224]。中国特色社会主义理论认同是一个复杂的心理过程，具有反复性，在不断的发展与变化中"理论认同"逐步形成，个人心理因素影响中国特色社会主义理论认同的形成过程，尤其是个人心理因素的不稳定性影响"理论认同"的持续性[225]。大学生"理论认知"的片面性、情感的孤独、意志易转移、知行不一等问题都会动摇"理论认同"的形成基础，导致大学生共产主义理想信念不坚定，不能将个人的前途命运与国家和社会前途命运紧密结合起来。

2. 大学生的思维方式影响中国特色社会主义理论认知、认同

"90 后"、"00 后"大学生的思维方式是理性、务实和具体的。他们不像"60 后"大学生把个人成长成才放在改革开放的宏观背景下思考，具有理想主义情怀；也不像"70 后"大学生那么世俗化、功利性，过分强调自我价值的实现。他们与"80 后"大学生共同之处是更加理性、务实，但是"80 后"大学生思维在折中整合中总体偏向宏观思维，而"90 后""00 后"大学生更加微观具体，偏向于个人。他们追求实现个性化的价值，关注未来工作的稳定性、起薪的高低、发展的空间，将个人前途和未来放在第一位考虑，其次才会考虑国家、社会和他人发展，他们对主流意识形态关注不够，表现出不关心、无所谓等情感上的疏离，这在一定程度上影响了他们对中国特色社会主义理论体系的情感认同和价值认同。"90 后""00 后"大学生的思维方式决定了他们更关注微观具体的理论问题，对宏观抽象的理论兴趣不大，这就影响了他们学习中国特色社会主义理论体系的积极性、主动性，进而影响中国特色社会主义理论认知水平[226]。

（二）中国特色社会主义理论认同教育的原因

1. 教育内容的抽象性影响中国特色社会主义理论认知、认同

高职院校开展中国特色社会主义理论认同教育的主渠道是思想政治理论课，"理论认同教育"贯穿《毛泽东思想和中国特色社会主义理论体系概论》《思想道德与法治》《形势与政策》《马克思主义基本原理》《习近平新时代中国特色社会主义思想概论》等课程，其中:《毛泽东思想和中国特色社会主义理论体系概论》和《习近平新时代中国特色社

会主义思想概论》课程以中国特色社会主义理论体系为主要内容。"毛概"课教材自 2007 年出版以来先后经过 8 次修订，最新教材是在高校思想政治理论课编写领导小组领导下组织编写的 2023 版教材。教材由导论和八章构成，导论介绍"马克思主义中国化时代化"的提出、内涵、历史进程与其理论成果及其关系。第一章至第四章系统阐释毛泽东思想的形成和发展，主要内容和历史地位，并对新民主主义理论、社会主义改造理论、社会主义建设道路初步探索的成果进行重点介绍。第五章介绍中国特色社会主义理论体系形成发展的社会历史条件和过程。第六章至第八章分别介绍邓小平理论、"三个代表"重要思想和科学发展观的形成、基本问题和主要内容以及历史地位。《习近平新时代中国特色社会主义思想概论》系统阐释习近平新时代中国特色社会主义思想及其历史地位，新时代坚持和发展中国特色社会主义的总任务、总体布局、战略布局、国家安全、国防和军队、"一国两制"和祖国统一、统一战线、外交和党的建设等方面的理论。教材采用宏大叙事，全面、系统、完整地介绍"理论体系"。

然而，教材毕竟只能提供"理论体系"的基本框架和主要内容，无法进行详尽的理论分析和阐释，未能提供贴近现实生活的教学案例和阅读材料，缺乏对经济、政治、文化、社会和生态等现实问题的回应以及西方社会思潮批判性阐释，未能针对大学生思想困惑进行释疑解惑。教材内容对于大学生而言是宏观、抽象的，甚至是深奥和难以理解的，一旦思政教师不能较好地将教材体系转化为教学体系，教学内容就会给大学生刻板、乏味的印象，教材使用的政策话语、文件话语也会降低大学生的学习兴趣，影响对"理论体系"的认知、认同效果[227]。

2. 教师队伍还不适应国内外教育形势变化

当今世界正在经历百年未有之大变局，新冠疫情和新一轮科技革命加速人类的学习方式、教育模式、形态和内容的变化，世界教育要求以学习者为中心开展个性化学习，给予全民终身学习的机会，注重培养学习者学习能力，促进人的全面发展。中国特色社会主义进入新时代，国家对创新型人才和卓越人才更加渴求，人民对更加公平、更高质量的教育更加期待。习近平总书记关于教育的重要论述强调要做到"九个坚持"，包括坚持把教师队伍建设作为基础工作。

当前，不少思政教师还未洞悉世界发展大局的深刻变化，对我国教育发展面临的新任务新要求未能全面、准确把握，教学中仍然以教师为中心，习惯于填鸭式灌输教学，缺乏师生之间的平等交流与对话，未能给予学生广泛参与教学的机会，对于不同特点的学生包容不足。最重要的是一些思政教师还不能适应新时代国内外教育环境和大学生思想心理的变化，还不能用通俗易懂、形象鲜活的语言阐释教材的内容体系，无法对改革开放以来困扰大学生思想的社会现实问题和理论问题做出科学、规范地学理阐释和政策解读，不能将中国特色社会主义理论与中国社会现实紧密联系起来做到理论联系实际，不能引导学生自觉抵制国内外各种错误思潮的消极影响，未能做到统一学生思想，增强"理论认同"。

3. 教育方法不适应新媒体教学环境和学生特点

思想政治理论课教学方法不适应新媒体教学环境和"00后"大学生的特点，对思政课教学效果产生了不利影响。一是专题化教学选题不准。化解"概论"课教学内容多课时少的矛盾，专题化教学是有效的解决办法之一。然而，思政课专题设置不科学、不合理，不利于大学生对"理论体系"的把握。有的专题设置没有打破原有的教材体系，针对重大理论或现实问题设置教学内容。有的专题设置脱离了教材体系，割裂了各个专题之间的内在联系，破坏教学内容的整体性，失去了专题化教学的意义。二是混合式教学未摆脱"灌输"弊端。"线上＋线下"的混合式教学方法和手段已经被很多思政教师掌握并运用。然而，有的思政课教师未能充分利用慕课和微课等线上教学资源，对一些教学难点和重点内容进行线上教学，在线下开展专题讨论或实践教学，没有通过翻转课堂把更多时间和空间留给学生，仍然开展灌输式教学，只是利用多媒体在进行灌输而已。三是教学过程学生的参与度不高。有的思政教师上课习惯于填鸭式教学，自说自话，不能调动学生学习思政课的积极性、主动性。提高思政课的针对性、实效性，可以探索和采用参与式教学法，设计一系列问题开展有效提问，引导学生发挥主体作用，尝试运用马克思主义的立场、观点和方法分析和解决问题，提高学生教学参与度，改善教学效果。

（三）社会原因

1. 转型时期经济社会发展问题的影响

党的十一届三中全会揭开了我国改革开放的序幕，从此我国经历经济体制转轨和向现代社会结构转型的急剧变化。在一个相当长的时期内，改革开放、经济迅猛发展和经济价值观的嬗变相互影响，所有制改革引起集体主义与个人主义碰撞，分配制度改革迫使人们在公平与效率之间进行抉择，社会主义市场经济发展始终伴随着义与利的较量。此外，我国工业化进程、经济发展方式的转变以及区域均衡发展过程中都面临经济价值观的演变、冲突和重构。从高度集中的计划经济向社会主义市场经济的转型过程中，出现了收入差距拉大，城乡差距扩大、企业劳资关系紧张、贪污腐败和生态环境破坏等问题，利益分化导致价值观多元化，与计划经济相适应的集体主义价值观、与市场经济相伴而生的重功利性价值观以及西方文化渗透形成的极端利己主义、享乐主义和个人主义价值观同时并存，价值观的多元化增加了中国特色社会主义理论认同教育的难度[228]，一方面带来大学生多种价值观念的冲突和博弈，可能导致个人价值选择的迷失与混乱。另一方面，理论的真理性未得到社会现实生活价值参照系的完全印证，也会消减大学生对"理论体系"的价值认同[229]。

2. 西方社会思潮的影响

通过问卷调查发现，高职院校大学生对中国特色社会主义理论体系的认知、认同度远远高于西方社会思潮，然而西方社会思潮对大学生"理论认同"的负面影响仍然不可小觑。在新自由主义、历史虚无主义、民主社会主义和民粹主义等西方社会思潮中，大学生认知度最高的是民主社会主义思潮，认知度最低的是民粹主义思潮；认同度最高的是新自由主义思潮，认同度最低的是民粹主义思潮。新自由主义作为国际垄断资本理论体系中的经济和政治学思潮，经济上大力宣扬自由化、私有化和市场化，反对国家和政府对经济干预；政治上否定公有制、社会主义和政府干预，鼓吹西方宪政民主；思想文化上宣扬自由、平等、民主和"普世价值"等等。民主社会主义在经济上反对消灭私有制，主张通过经济民主发展混合所有制经济，实行社会保障和福利制度来改良资本主义；在政治上否定社会主义的历史必然性，反对无产阶级专政，主张联合专政和多党制；思想上否认马克思主义的指导作用，主张多元化指导思想。民主社会主义对"苏东剧变"起到推波助澜的作用，具有更大的迷惑性，对中国特色社会主义经济、政治和文化基础都有较大的危害。历史虚无主义打着学术、文艺或舆论的外衣，通过诋毁中国革命和历史上的英雄、领袖人物和事件，虚无中华传统、历史文化、民族文化和民族精神，本质上是一种反对中国共产党和中国特色社会主义制度的反动思潮，会动摇大学生根本价值遵循，危害极大。民粹主义反对精英主义，强调平民大众的价值和理想，强调"人民"是掌握最终政治权力的政治力量，在民族性问题上强调"人民"代表民族共同体的利益，主张通过平民的统一、全民公决、平民的创制权等反映纯正"人民"的共同意志[230]。

此外，后现代主义、消费主义、实用主义、存在主义和未来主义等纷繁复杂的西方社会思潮相互激荡，对涉世未深、理论基础薄弱的大学生产生广泛影响，但这些影响并不深刻，没有必要过度放大。一方面，各种社会思潮有其科学性与进步性的一面，对强化大学生诚信、契约、竞争、创业等意识，输入民主、法治等观念，激发创新意识、个体意识和平等意识，拓宽大学生视野等方面发挥正面积极的作用。另一方面，西方社会思潮与中国特色社会主义理论体系之间毕竟存在此消彼长的关系，作为西方开展意识形态渗透的思想武器，会对大学生的价值观造成冲击，影响大学生的行为方式，淡化大学生的理想信念，削弱大学生中国特色社会主义理论认同[231]，引发资产阶级自由化思想。

3. 网络信息的影响

西方社会思潮在我国广泛传播的媒介是互联网，互联网为多元思潮传播提供了网络空间。伴随着网络技术的迅猛发展和互联网的广泛使用，互联网凭借开放性、交互性和即时性等优点赢得人们的青睐，年轻人对网络更加依赖。

互联网的客户端可以基于 PC 端也可以基于移动端，在网络出现以后，微博、微信公众号、各种新闻客户端和抖音等新媒体应运而生，新媒体以移动智能终端为主，不仅具有互联网交互强、传播快、个性化等一切优点，还具有互联网不具备的更加便捷、更具影响力的优势，新媒体大多可以制造和发布内容，因而成为自媒体。新媒体、互联网是一把双刃剑，一方面丰富了大学生的生活和人际关系，拓展了"理论认同"教育的渠道和内容。另一方面，新媒体、互联网改变了大学生的交往方式、思维方式和学习方式，影响了"理论认同"教育的话语体系和教育方式。一是新媒体传播"去中心化"的倾向消减了思想政治教育的权威性和主导性，大学生的主体性意识空前提升。二是新媒体超文本阅读方式具有碎片化、随意性的特点，降低了大学生学习专注度、思考深度，而"暗语文化"、"符号"沟通导致"理论认同教育"话语体系出现隔阂。三是抖音、短视频的流行，沉迷图像分散了大学生学习注意力，算法推荐这种技术赋权构筑信息茧房，新媒体的工具理性取代了价值选择妨碍"理论体系"知识信息的获取。四是网络互动衍生虚拟身份和虚拟环境，虚实交错增加大学生"理论认同"状况的判断难度，也增加师生思想交流的难度[232]。

（四）家庭原因

"00 后"大学生的家长基本是"60 后""70 后"和"80 后"，一方面，家长具有相应时代群体的思想和心理特点，他们的政治思想观念、态度和言行会对子女产生潜移默化的作用，对子女不同人生阶段都产生不同程度的影响，形成代际传递。另一方面，父母等亲人通过有目的、有意识的家庭教育，与学校和社会协同互动，共同教育大学生养成良好的思想、行为和习惯。

当前，"00后"大学生的家长因为代际更替，基本成长生活于改革开放时期，对子女直接开展思想政治教育，干预子女的国家认同、民族认同、政治认同和文化认同的家庭较少，家长更关注于子女的体育和智育，更加重视子女专业知识和技能的成绩，家庭思想政治教育的供给不足，影响力减弱。此外，子女进入高校后大多住校，父母与子女和学校的沟通联系较少，联系主要依靠电话、微信、QQ和邮件，父母对家庭教育意义、目标和地位的认识仍然比较模糊，家庭教育在大学生思想政治教育中的辅助地位下降，比重和教育效果都有所弱化，需要进一步健全和完善包括家庭教育的辅助渠道和阵地[233]。

第六章 高职院校大学生中国特色社会主义理论认同教育的影响因素实证分析

根据问卷调查数据，分析了高职院校大学生中国特色社会主义理论认同的现状、存在的问题，并对存在问题的成因进行了理论分析。第六章将基于结构方程模型和 Logistic 模型，对高职院校大学生中国特色社会主义理论认同的影响因素进行实证分析。

一、教育途径对高职院校大学生中国特色社会主义理论认同的影响效应——基于结构方程模型的分析

为考察和验证高职院校大学生中国特色社会主义理论认同教育不同环节之间的内在关系，揭示这些环节之于高职大学生对"理论体系"的认知、认同的现实影响，对调查问卷采用描述性统计分析、结构方程模型等方法进行实证研究，对影响高职院校大学生中国特色社会主义理论认同的教育途径因素进行实证分析。

（一）调查设计与问卷情况

1. 调查对象

课题组以新疆 5 所高职院校在校大学生为研究对象，发放"高职院校大学生中国特色社会主义理论认同教育研究"纸质版调查问卷1300 份，回收问卷1247 份，回收率为95.9%，其中：有效问卷1208份，有效回收率为92.9%。数据样本的基本情况如下：1208 名调查对象中，乌鲁木齐职业大学、新疆职业大学、巴州职业技术学院、阿克

苏职业技术学院和新疆建设职业技术学院的调查人数占总人数的比率分别为: 25%、15.89%、17.72%、21.77% 和 19.62%。男生、女生占总人数的比率分别为 46.44% 和 53.66%。学生干部占总人数的比率为 20.2%。中共党员（含预备党员）、入党积极分子、共青团员和群众占总人数的比率分别为 4.06%、7.53%、69.65% 和 18.46%。大一、大二、大三和大四学生占总人数的比率分别为 37%、50.25%、8.69% 和 4.06%。

2. 调查内容

本研究发放的调查问卷共有 25 个大问题，内含 73 个小问题，其中：第 1—8 题是对高职院校大学生基本情况的调查，包括所在学校、性别、年级、专业、学生干部身份、政治面貌、生源地、家庭收入等问题。第 9、10 题是对大学生中国特色社会主义理论体系和各种社会思潮的知晓情况以及认同情况的调查，分别包含 6 个小问题。第 11 题是对大学生中国特色社会主义理论体系观点的认同情况的调查，包含 9 个小问题。第 12 题是针对不同载体对高职院校大学生中国特色社会主义理论认同发挥作用的调查，包含 14 个小问题。第 13 题是针对不同渠道对大学生中国特色社会主义理论认同发挥作用的调查，包含 10 个小问题。第 14—22 题是对学生生活态度、生活满意度和生活目标以及政治观的调查。第 23 题是针对学校教师能够增强学生对中国特色社会主义理论认同的教学态度、行为的调查。第 24 题是针对加强大学生中国特色社会主义理论认同的教育方式调查。第 25 题是主观题，征求高职院校大学生对增强中国特色社会主义理论认同教育的建议。调查问卷问题的选项分别是：非常赞成、比较赞成、中立、比较反对、非常反对五个等级，为定序数据。调查问卷见附件。

（二）教育途径影响因素的结构方程构建

1. 结构方程模型

在社会科学以及经济、市场、管理等研究领域，有时需处理多个原因、多个结果的关系，或者包含不可直接观测的潜在变量，这些都是传统的统计方法不能很好解决的问题。20世纪80年代以来，结构方程模型迅速发展，弥补了传统统计方法的不足，成为多元数据分析的重要工具。

结构方程模型（Structural Equation Modeling, SEM）也称潜在变量模型。早期称为线性结构关系模型、协方差结构分析、潜在变量分析、验证性因素分析等，属于多变量统计的一种。起源于20世纪20年代遗传学者埃斯沃尔·赖特（Eswall·Wright）发明的路径分析，它整合了因素分析与路径分析两种统计方法，同时检验模型中包含了显性变量、潜在变量、干扰或误差变量间的关系，进而获得自变量对因变量影响的直接效果、间接效果或总效果。结构方程模型早期应用于心理学、社会学等领域，现在SEM技术已广泛应用于众多学科。

结构方程模型具有理论先验性、可同时处理测量与分析问题、关注于协方差的运用、适用于大样本的统计分析、重视多重统计指标的运用等特性，结构方程模型同时也包含许多不同的统计技术。

2. 高职院校大学生"理论认同"的结构方程模型构建

调查显示，高职院校大学生认为思想政治理论课教学、日常思想政治教育以及思想政治理论课教学与日常思想政治教育协同能够对"理论"的认知、认同发挥积极作用。为了进一步研究阐释这种影响，并对加强高职大学生"理论认同"提出有针对性的建议，我们构建结构方程模型对它们之间的关系进行分析、验证。

这一结构方程模型包括四个潜在变量，分别为三个外生潜在变量（X_1、X_2、X_3）和一个内生变量（Y）。X_1为思想政治理论课教学，由厘清思想认识状况、教学内容优化、实践教学体验、教学方法创新、知识传授等7个思想政治理论课教学中间环节的变量标识构成。X_2为日常思想政治教育，由生产和社会实践、班级日常管理、自主学习活动和党、团、学生会开展的教育活动等日常思想政治教育多个环节的4个变量标识构成。X_3为思想政治理论课教学与日常思想政治教育协同，5个变量涵盖思政教师参与指导校园活动、生产和社会实践活动、课程思政等内容。Y 为高职大学生对中国特色社会主义理论认知、认同，有 13 个变量标识，代表着对"理论体系"内容、主要观点、地位、作用的认识、情感和态度等 [234]。

由于 3 个外生潜在变量分别由多个不同的变量标识构成，因此，我们首先采用熵值法对若干问卷选项进行降维处理，从而衡量出主要指标的数值。以"理论体系"认知、认同为例，假设有 i 个待评对象，j 个问卷题号（小指标）X_{ij} 为第 i 个对象第 j 个指标的值。首先对各指标采用极差法进行无量纲处理，进而计算出数值 X_{ij} 在单项指标 j 中所占的比重：

$$f_{ij} = \frac{X_{ij}}{\sum_{i=1}^{m} X_{ij}} \ (i=1, 2, \cdots m; \ j=1, 2, \cdots n) \tag{6-1}$$

计算第 j 项指标的信息熵值：

$$e_j = -c \sum_{i=1}^{m} f_{ij} \ln(f_{ij}) \tag{6-2}$$

其中，

$$c = \frac{1}{\ln(m)} \tag{6-3}$$

则有：

$$e_j = -\frac{1}{\ln(m)} \sum_{i=1}^{m} f_{ij} \ln(f_{ij}) \ (0 \leqslant e_j \leqslant 1) \tag{6-4}$$

由此可以计算出第 j 项指标的权重 w_j 以及各待评对象的评价值 V_j：

$$w_j = \frac{1-e_j}{n - \sum_{j}^{n} e_j} \ (0 \leqslant w_j \leqslant 1) \tag{6-5}$$

$$V_j = \sum_{j=1}^{n} w_j X_{ij} \tag{6-6}$$

根据上述方法，进一步计算出"思想政治理论课教学""日常思想政治教育"以及"思想政治理论课教学与日常思想政治教育协同"的评价值。

3. 高职大学生"理论认同"的结构方程模型及结果分析

我们采用结构方程模型对"思想政治理论课教学""日常思想政治

教育"、"思想政治理论课教学与日常思想政治教育协同"以及"理论"认知、认同之间的关系进行分析，得到如下结构方程的标准解公式：

（1）思想政治理论课教学（X_1）对思想政治理论课教学与日常思想政治教育协同（X_3）的影响

$$X_3 = 0.751 * X_1 \qquad (t=36.409, \ P<0.001) \qquad (6-7)$$

（2）日常思想政治教育（X_2）对思想政治理论课教学与日常思想政治教育协同（X_3）的影响

$$X_3 = 0.118 * X_2 \qquad (t=8.653, \ P<0.001) \qquad (6-8)$$

（3）思想政治理论课教学（X_1）对认知、认同（Y）的影响

$$Y = 0.538 * X_1 \qquad (t=16.019, \ P<0.001) \qquad (6-9)$$

日常思想政治教育（X_2）对认知认同（Y）的影响

$$Y = 0.442 * X_2 \qquad (t=27.835, \ P<0.001) \qquad (6-10)$$

思想政治理论课教学与日常思想政治教育协同（X_3）对认知、认同（Y）的影响

$$Y = -0.174 * X_3 \qquad (t=-5.411, \ P<0.001) \qquad (6-11)$$

以上结构方程的标准解公式分析了 3 个外生潜在变量（X_1、X_2、X_3）和 1 个内生变量（Y）之间的关系。为方便观察，我们将结构方程结果转化为更为直观的表格。（见表 6-1）

表 6-1　高职大学生中国特色社会主义理论认知认同标准解系数表

影响因素 被影响因素	X_1：思想政治理论课教学	X_2：日常思想政治教育	X_3：思想政治理论课教学与日常思想政治教育协同
Y：中国特色社会主义理论认知、认同	0.538	0.442	−0.174
$X3$：思想政治理论课教学与日常思想政治教育协同	0.751	0.118	

从表 6-1 可以看出，思想政治理论课教学和日常思想政治教育对于中国特色社会主义理论认知、认同的积极作用显著，思想政治理论课教学与日常思想政治教育协同并未对中国特色社会主义理论认知、认同

产生显著的积极作用。为更加直观地呈现结构方程结果，我们将高职院校大学生中国特色社会主义理论认同教育结构方程的估计结果通过图 6-1 表示出来：

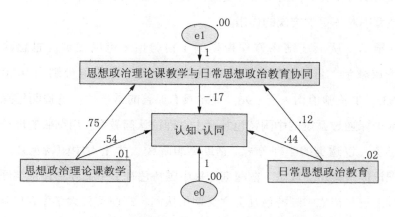

图 6-1　高职院校大学生中国特色社会主义理论认同教育结构方程（T 检验值）

对于 3 个外生潜在变量与 1 个内生潜在变量的关系进行分析，可以得到如下重要信息：

第一，思想政治理论课教学对于中国特色社会主义理论认知、认同的直接影响的标准解值为 0.538，日常思想政治教育对于中国特色社会主义理论认知、认同的直接影响的标准解值为 0.442。思想政治理论课教学之于中国特色社会主义理论认知、认同的总效应值为 0.54-0.538×0.17=0.4485；日常思想政治教育之于中国特色社会主义理论认知、认同的总效应值为 0.44-0.12×0.17=0.419。思想政治理论课教学对于高职院校大学生中国特色社会主义理论体系认知、认同的积极影响略大于日常思想政治教育，说明思想政治理论课是对中国特色社会主义理论认知、认同的主渠道，而日常思想政治教育所产生的影响与之相比要略小一些，这一实证结果验证了高职院校大学生更倾向于通过思想政治理论课教学活动强化中国特色社会主义理论体系认知、认同。而思想政治理论课教学与日常思想政治教育协同对于中国特色社会主义理论体系认知、认同的直接影响的标准解值为 -0.174，可见思想政治理论课教学与日常思想政治教育协同对于"理论体系"认知、认同的积极作用不显著，可能的原因是思想政治理论课与日常思想政治教育各自为政，协同作用发挥不充分，需要通过促进两者协同在中国特色社会主义理论认同教育中发挥更加突出的作用。

第二，从上述结构方程模型的 T 检验值中可以发现，思想政治理论课教学、日常思想政治教育直接效应的 T 检验值分别为 16.019、27.835，T 检验值均大于 1.96，显示具有显著的常态性。这说明思想政治理论课通过系统的中国特色社会主义理论认同教育，用彻底的理论说服学生，以透彻的学理分析，帮助高职院校大学生对中国特色社会主义理论体系真知、真懂，在深刻把握中国特色社会主义理论体系学理性基础上逐步树立中国特色社会主义理论认同。高职院校大学生在日常思想政治教育等实践活动环节获得个体或团队体验、切身感受，使浅层次"理论"认同向深层次升华，帮助大学生深化"理论"认同。这一实证结果证实了高职院校大学生对中国特色社会主义理论认知、认同的途径以及中国特色社会主义理论认同教育是一个理论性与实践性相统一的过程。

第三，思想政治理论课教学和日常思想政治教育对于思想政治理论课教学与日常思想政治教育协同具有显著的积极影响。思想政治理论课教学对于思想政治理论课教学与日常思想政治教育协同的直接影响的标准解值为 0.751，日常思想政治教育对于思想政治理论课教学与日常思想政治教育协同的直接影响的标准解值为 0.118。思想政治理论课教学比日常思想政治教育对两者协同的影响更加积极显著。思想政治理论课教学与日常思想政治教育协同的关键是思想政治理论课教学与日常思想政治教育的衔接。思想政治理论课都设置了实践教学环节，包括校内实践、校外实践，在实践环节会贯穿中国特色社会主义理论教育，而日常思想政治教育过程中更加注重学生的活动体验和感受，对中国特色社会主义理论教育目标设置不够清晰明确，教育内容不够全面系统，对思想政治理论课教学与日常思想政治教育协同的影响较弱。

第四，思想政治理论课教学与日常思想政治教育协同对于中国特色社会主义理论认知、认同的直接影响不具有常态性。从上述结构方程模型的 T 检验值中可以发现，思想政治理论课教学与日常思想政治教育对中国特色社会主义理论认知、认同的直接效应的 T 检验值为 -5.411，小于 1.96，表明这种影响不具有常态性。这进一步说明思政课与日常思想政治教育协同对中国特色社会主义理论认同的基础性作用不明显，需要进一步加强[235]。

（三）教育途径对高职院校大学生中国特色社会主义理论认同的影响效应分析

我们采用结构方程模型，基于新疆 5 所高职院校的数据，实证研究了高职大学生中国特色社会主义理论认同教育的作用机制，结果显示，思想政治理论课、日常思想政治教育对高职大学生中国特色社会主义理论认同呈现正向的积极影响效果，而思想政治理论课和日常思想政治教育的协同对高职院校大学生中国特色社会主义理论认同不具有显著的正向影响。为了提升高职院校思想政治教育的针对性、实效性，进而加强高职大学生中国特色社会主义理论认同，提出如下对策建议：

1. 充分发挥思想政治理论课在"理论认同教育"中的主渠道作用

中国特色社会主义理论体系具有历史性、抽象性和逻辑性。中国特色社会主义进入新时代，高职大学生缺乏对"理论"形成的改革开放时期以及"理论"发展的其他不同时期的感性认识[236]，也欠缺对纯理论的抽象思维和逻辑思维能力[237]，因此对"理论"的基本观点和理论旨趣认知停留在机械认知层面。要推进中国特色社会主义理论认同教育，需要充分发挥思政课的主渠道作用：第一，增强理论内容的说服力。通过理论灌输，讲清、讲准、讲透"理论"的基本概念、时代主题、理论体系框架、逻辑起点和不同时期理论之间的相互关系、历史地位等等问题[238]，引导大学生树立远大理想，培养正确的世界观、人生观和价值观，端正政治立场，明辨是非善恶，用透彻的学理分析回应学生关切的理论和现实问题，用理论的科学性、彻底性说服人，帮助大学生形成对中国特色社会主义理论的正确认知和价值认同，并逐步内化[239]。第二，注重教学方法的创新。以习近平总书记在学校思想政治理论课教师座谈会上提出的"八个相统一"为遵循，推进思想政治理论课教学改革，将通过理论灌输在学生认识中形成的"他性"建构纳入大学生的自我觉知并内化。打破以往思想政治理论课教师的单向灌输，加强对高职学生认知水平、特点和规律的研究，发挥学生的主体性，通过混合式教学、实践教学和积极教学法等教学方法改革，引导学生自我探究、自我管理和自我解释，自己发现中国特色社会主义理论体系的真理力量，寻求对"理论体系"的认知、认同到实践的路径。

2. 准确认识日常思想政治教育在"理论认同教育"中主阵地作用

高职院校开展"理论认同教育"有两个重要抓手，一个抓手是作为"主渠道"的思想政治理论课，另一个抓手是作为"主阵地"的日常思想政治教育。两个抓手各有优势，共同促进立德树人教育目标的实现。第一，日常思想政治教育的主体是班主任、辅导员、学校党政干部和学生骨干，要充分发挥学生骨干在宿舍、班级和年级的日常管理中的重要作用，让大学生在自我教育、自我管理和自我服务的过程中养成自律人性，塑造自立、自强人格。第二，日常思想政治教育以党、团和学生会活动，宿舍、班级和年级日常管理，自主学习和生产、社会实践活动以及网络等为载体，通过舆论宣传，营造氛围，开展实践活动，榜样激励，管理约束等方法，将政治理论教育、思想品德教育和心理教育等内容渗透其中，潜移默化地强化高职学生对"理论体系"的依从、认同。第三，日常思想政治教育着眼于发现和解决高职大学生思想、学习和生活中的问题，用课堂学到的理论回应现实问题，实现中国特色社会主义理论体系的具体化、生活化，使学生感受理论的解释力，实现理论与实践的统一，从而增强高职院校大学生对"理论体系"的情感认同和价值认同[240]。

3. 大力推进思想政治理论课和日常思想政治教育的协同联动

数据模型分析结果显示，思想政治理论课和日常思想政治教育的协同对高职院校大学生中国特色社会主义理论认知、认同没有显著的积极影响，其总效应不具有常态性。这是因为当前高职院校的思想政治理论课与日常思想政治教育之间存在一定程度的脱节，两者缺乏系统的协同育人体系，教育过程相互割裂，缺乏有效联动，教育教学人员各自为政，缺乏有效配合[241]，弱化了"理论认同教育"的效果。增进思想政治理论课和日常思想政治教育的协同作用，需要从解决"各自为政，协同不足"的问题入手。第一，强化协同意识，构建"大思政"格局。增强高职院校大学生对中国特色社会主义的理论认同，需要加强顶层设计，加快构建"大思政"格局，发挥"十全"育人体系作用，促进思政课堂理论教学与思想政治教育实践的有机统一。第二，完善协同育人机制，实现全员全过程全方位育人。一是建立沟通机制，搭建思政教师与班主任、辅导员两支队伍沟通交流平台以及教学改革和科学研究的合作平台。二是建立合作联动机制，学校党委要有效协调和整合两支队伍，使之协同用力，推动教育资源共享。三是改革思政课考核评价体系，将学生在日常思想政治教育实践活动的表现和日常行为作为思想政治理论课考核的一部分，加入到思想政治理论课考核评价体系，促进学生"知行合一"。四是建立激励约束机制，对积极开展"三全育人"的部门、人员以及育人成果和项目给予奖励，激发不同主体的育人动力[242]。第三，打造教育团队，提升教师育人能力。一方面，打通两支队伍的流动渠道，鼓励思政教师担任班主任、辅导员，帮助他们了解学生思想学习和生活动态，在思政课教学中更加有的放矢。同时，选拔优秀辅导员进入思政教师队伍，或者讲授思政课，提高中国特色社会主义的理论阐释能力。另一方面，打造多元化思政教育团队，将校内外思政课教师、学生工作者、专业教师、党政干部、教学和科研管理人员、后勤服务人员组织、整合起来，发挥不同育人主体的价值和作用[243]。

二、人口属性变量、主观态度和政治观对高职院校大学生中国特色社会主义理论认同的影响效应——基于 Logistic 模型的实证分析

高职院校大学生中国特色社会主义理论认同受到人口属性、生活态度、政治观等多种因素的影响，为了深入探讨影响高职院校大学生中国特色社会主义理论认同的影响因素，揭示这些因素之于高职大学生对"理论认同"的影响，本研究进行了专题调查，得出一些初步结论。

（一）人口属性变量对中国特色社会主义理论认同的影响

1. 调查问卷的研究方法

本研究采取定性分析与定量分析相结合的方法开展研究，对人口属性变量、生活态度、生活满意度、生活目标、政治观等相关变量采用差异性分析、相关性分析，来检验各相关变量对中国特色社会主义理论认同的影响。对相关变量的差异性分析，通过各属性变量的认同度均值来描述认同的平均状况，标准差描述与均值的偏离情况，变异系数描述不同均值数据的集中程度或波动程度，变异系数越小，认识的集中程度越高，否则，集中程度越低。在变量的相关性检验中，通过计算定类与定序变量的 λ 相关系数和 τ 相关系数值、定序与定序变量的 G 相关系数值，检验各属性变量对认同值的影响大小。

其中，均值：$\bar{x}=\frac{1}{n}\sum_{i=1}^{n}x_i$，描述统计数据的平均值。

方差：$S^2=\frac{1}{n-1}\sum_{i=1}^{n}(x_i-\bar{x})^2$，描述统计数据与平均值的偏离程度大小。

变异系数：$C\cdot V=\frac{s}{\bar{x}}$，在均值不同的情况下，描述数据的稳定性大小。

λ 相关系数 $=\dfrac{\sum f_{im}-F_{ym}}{n-F_{ym}}$，$f_{im}$ 为每一类 x 中 y 分布的众数次数，F_{ym} 为 y 次数分布的众数次数。适用于定类变量之间或定类与定序变量之间的相关计算。

$$\tau \text{ 相关系数} = \frac{\sum\sum \frac{f_{ij}^2}{F_{xi}} - \frac{\sum F_{jy}^2}{n}}{n - \frac{\sum F_{jy}^2}{n}}，\text{适用于定类变量或定类与定序变量之}$$

间的相关计算。

G 相关系数 $= \dfrac{N_s - N_d}{N_s + N_d}$，$N_s$ 是指同序对的次数，N_d 是指异序对的次数。适用于两个定序变量的相关统计量

2. Logistic 模型

Logistic 回归是针对因变量为分类变量的一种回归。是一种广义线性回归分析模型，也是一种概率模型。Logistic 回归是从事件发生与不发生的概率之比的角度来建立回归的。Logistic 回归分析可用于估计某个事件发生的可能性，也可分析某个问题的影响因素有哪些，即 X 对于 Y 的影响情况。

对于只能取 1 和 0 两个值的二分变量，如果用"1"表示"发生"，用"0"表示"不发生"，则 $p(y=1)=p$ 为"发生"的概率，$p(y=0)=1-p$ 为"不发生"的概率。两者之比称为发生比，记为 $odds$：

$$odds = \frac{p(y=1)}{1-p(y=1)} = \frac{p}{1-p} \tag{6-12}$$

对发生比取对数，计为 $\text{logit}\, p$，有

$$\text{logit}\, p = \ln odds = \ln \frac{p}{1-p} \tag{6-13}$$

这个转换称为 logit 转换。

Logistic 回归就是把发生比的对数 $\text{logit}\, p$ 看成是自变量 x_i 的线性函数，其一般表达式是

$$\ln odds = \ln \frac{p}{1-p} = b_0 + b_1 x_1 + b_2 x_2 + b_3 x_3 + \cdots + b_k x_k \tag{6-14}$$

或
$$odds = \frac{p}{1-p} = e^{b_0 + b_1 x_1 + b_2 x_2 + b_3 x_3 + \cdots + b_k x_k} \tag{6-15}$$

Logistic 回归按照因变量的类型又可分为二元 Logistic 回归、多分类 Logistic 回归，有序 Logistic 回归等。如果 Y 值仅两个选项，分别是"有"和"无"之类的分类数据，选择二元 Logistic 回归分析。Y 值的选

项有多个，并且选项之间没有大小对比关系，则可以使用多元 Logistic 回归分析。Y 值的选项有多个，并且选项之间可以对比大小关系，选项具有对比意义，应该使用多元有序 Logistic 回归分析。

问卷研究中，Logistic 回归常被用在分析非量表题上，将样本基本背景信息作为 X，态度作为 Y，分析性别、年龄、家庭条件是否会影响态度。

态度是有序分类变量，选择有序分类响应变量的 Logistic 模型，即比率优势模型。假设响应变量 y 取值为 1、2、3、⋯、k，比率优势模型的形式为：

$$\text{logit } p = \ln \frac{p(y \leqslant j)}{1 - p(y \leqslant j)} = \beta_{j0} + \beta_1 x_1 + \beta_2 x_2 + \cdots + \beta_p x_p, (j = 1, 2, 3, \cdots, k-1) \quad (6\text{-}16)$$

比率优势模型的优势比率定义为：

$$odds = \frac{p(y \leqslant j)}{1 - p(y \leqslant j)} = e^{\beta_{j0} + \beta_1 x_1 + \beta_2 x_2 + \cdots + \beta_p x_p} \quad (6\text{-}17)$$

其含义是：在其他条件不变的情况下，$x_i(i=1, 2, \cdots, p)$ 每提高 1 个单位，$y > j$ 的平均可能性是原来的 e^{β_i} 倍。

3. 对中国特色社会主义理论认知、认同情况的描述性分析

100% 的学生表示知晓和认同中国特色社会主义理论体系，从属性变量分析：

（1）男生选择"非常了解"及"比较了解"和"非常赞同"及"比较赞同"的比率分别为 100% 和 99.7%，女生选择"非常了解"及"比较了解"和"非常赞同"及"比较赞同"的比率分别为 100% 和 96.6%，女生略低于男生。

（2）一年级到四年级选择"非常了解"及"比较了解"和"非常赞同"及"比较赞同"的比率依次为 100% 和 95%、100% 和 99.8%、100% 和 99%、100% 和 100%，高年级选择"非常赞同"及"比较赞同"的比率高于低年级。

（3）选择"非常了解"及"比较了解"和"非常赞同"及"比较赞同"的理工专业学生的比率分别为 100% 和 100%、人文专业学生的比率分别为 100% 和 99.5%、经管专业学生的比率分别为 100% 和 96.8%、其他专业学生的比率分别为 100% 和 94%。在认同程度上理工专业高于人文、其他、经管专业。

（4）学生干部选择"非常了解""比较了解"和"非常赞同""比较赞同"的比率分别为100%和99.2%，非学生干部选择"非常了解""比较了解"和"非常赞同""比较赞同"的比率分别为100%和97.7%，在认同度上，学生干部显著高于非学生干部。

（5）政治面貌角度，党员与预备党员、入党积极分子、团员和群众选择"非常了解""比较了解"和"非常赞同""比较赞同"的比率分别为100%和100%、100%和98.9%、100%和99%、100%和90.2%，党员和预备党员、入党积极分子选择"非常赞同"和"比较赞同"的比率显著高于团员和群众。

（6）从生源地分布来看，选择"非常了解""比较了解"和"非常赞同""比较赞同"的省会城市的比率分别为100%和99.4%、地级市的比率分别为100%和99.5%、县级市或县城的比率分别为100%和100%、镇农村或牧区的比率分别为100%和95.4%，在认同程度上省会城市高于其他生源地。

（7）家庭经济收入方面，选择"非常了解""比较了解"和"非常赞同""比较赞同"的收入<1万元的比率为100%和100%、收入1万—5万元的比率为100%和99.8%、收入6万—10万元的比率为100%和96.9%、收入11万—20万元的比率为100%和90.5%，在认同度上，低收入家庭高于高收入家庭。

4. 人口属性变量的差异性分析

通过计算各属性变量的认同均值、标准差和变异系数及差异性检验，可以进一步分析各属性变量对中国特色社会主义理论体系认同的影响。

（1）性别属性变量对中国特色社会主义理论认同的影响

男生、女生占被调查总数的比重分别为53.4%、46.6%，均值分别为4.46、4.48，标准差分别为0.506、0.541，变异系数分别为0.113、0.12，差异性检验 $p > 0.05$，通过检验，男生与女生在认同的态度上无差异，但女生比男生认同均值略高，而男生比女生集中度略高。

（2）年级变量对中国特色社会主义理论认同的影响

一年级、二年级、三年级和四年级学生分别占被调查总人数的

37.8%、50.5%、9.1%和2.6%，均值分别为4.38、4.44、4.91、5，标准差分别为0.544、0.5、0.325、0，变异系数分别为0.124、0.112、0.066、0，差异性检验$P<0.05$，未通过检验，不同年级认同有差异，高年级的认同均值高于低年级的认同均值，而且认同态度的集中程度也高。

（3）专业变量对中国特色社会主义理论认同的影响

理工类、文史类、经管类和其他类学生分别占被调查总人数的21.9%、35.3%、29.6%和13.2%，均值分别为4.83、4.68、4.1、4.15，标准差分别为0.372、0.476、0.382、0.41，变异系数分别为0.077、0.099、0.093、0.098，差异性检验$P<0.05$，未通过检验，表明学生专业不同，对中国特色社会主义理论体系认同有差异，理工类学生认同均值高于其他类专业，且变异系数较小，认同态度的集中程度略高于其他专业。

（4）学生干部身份变量对中国特色社会主义理论认同的影响

学生干部与非学生干部分别占被调查总人数的21%和79%，均值分别为4.92、4.35，标准差分别为0.298、0.507，变异系数分别为0.06、0.116，差异性检验$P<0.05$，未通过检验，表明学生身份不同，对中国特色社会主义理论体系认同有差异，学生干部对中国特色社会主义理论认同均值最高，且波动性小，集中性高。

（5）政治面貌变量对中国特色社会主义理论认同的影响

中共党员（预备党员）、入党积极分子、团员、群众分别占被调查总人数的4.1%、7.8%、71.4%和16.6%，均值分别为5、4.97、4.48、4.07，标准差分别为0、0.233、0.502、0.451，变异系数分别为0、0.046、0.112、0.11，差异性检验$P<0.05$，未通过检验，表明大学生的政治面貌不同，对中国特色社会主义理论认同有差异，对中国特色社会主义理论认同均值由高到低依次是中共党员（预备党员）、入党积极分子、团员、群众。中共党员（预备党员）认同的波动性最小，认同的集中度高，其次是入党积极分子，群众认同的均值最低，团员的波动性最大。

（6）生源地变量对中国特色社会主义理论认同的影响

生源地在省会城市、地级市、县级市和乡镇农村牧区人数分别占被调查总人数的 12.8%、18.9%、29.6% 和 38.7%，均值分别为 4.97、4.95、4.45、4.09，标准差分别为 0.215、0.23、0.498、0.373，变异系数分别为 0.043、0.046、0.111、0.091，差异性检验 $P<0.05$，未通过检验，表明生源地不同，对中国特色社会主义理论认同有差异，省会城市的认同均值最大，其次是地级市、县级市，乡镇农村牧区最低。省会城市理论认同波动性最小，认同集中度高，县级市波动性最大。

（7）家庭收入变量对中国特色社会主义理论认同的影响

家庭年收入<1 万元，1 万—5 万元，6 万—10 万元以及 11 万—20 万元的学生比率分别为 29.6%、42.3%、24.7% 和 3.4%，均值分别为 4.93、4.46、4.03、3.88，标准差分别为 0.25、0.503、0.306、0.335，变异系数分别为 0.05、0.112、0.075、0.086，差异性检验 $P<0.05$，未通过检验，表明家庭经济收入不同，对中国特色社会主义理论认同有差异。家庭经济收入<1 万元的理论认同均值最高，波动性最小，理论认同集中程度高，其次是 1 万—5 万元和 6 万—10 万元的年收入家庭，11 万—20 万元的年经济收入家庭认同的均值最小，家庭经济收入在 1 万—5 万元的学生波动性最大。

5. 人口属性变量的相关性分析

此次调查数据均为定类和定序数据，为进一步研究影响学生对中国特色社会主义理论认同差异的原因，本研究用 SPSS 软件分析中的交叉表功能分别以性别、年级、专业、学生干部身份、政治面貌、生源地、家庭经济收入等属性变量为自变量，以认同值为因变量，对定类变量计算 λ 相关系数和 τ 相关系数，对定序变量计算 G 相关系数，检验各属性变量与认同值的相关性大小，结果见表 6-2。

表 6-2　属性变量与中国特色社会主义理论体系认同的相关性检验

相关系数	性别	年级	专业	学生干部	政治面貌	生源地	家庭收入
τ 值	0.008		0.134				
λ 值	0.016		0.375				
G 值		0.393		−0.901	−0.842	−0.898	−0.919

由相关系数值可以看出，用家庭经济状况来解释认同度差异可以减

少 91.9% 的误差, 准确性最高, 其次是学生干部和非学生干部、生源地、政治面貌、年级、专业等, 在性别上相关的显著性不强。家庭经济收入越高, 对中国特色社会主义理论的认同度越低。非学生干部比学生干部认同度低, 生源地越偏远地区认同度越低, 非党团员比党团员认同度低, 年级越低认同度越低, 理工科认同度高于文史、经管类和其他。男生与女生在认同上没有差异性。由此可见, 我们在对学生进行中国特色社会主义理论认同教育时, 要多加强高收入家庭、偏远地区、非学生干部、非党团员、低年级等人口属性学生的教育和引导。

6. 基于定序 Logistic 模型的实证分析

通过认同得分的平均值可以看出, 除了性别在中国特色社会主义理论认同上没有差异以外, 其他属性数据在中国特色社会主义理论认同的平均值上都有差异。为进一步研究中国特色社会主义理论认同是否受性别、年级、专业、学生干部、政治面貌、生源地、家庭经济等影响, 我们用广义线性模型中的 Logistic 模型进行分析。

以认同为因变量, 以性别、年级、专业、学生干部和非学生干部、政治面貌、生源地、家庭经济收入为自变量, 建立定序 Logistic 模型, 由于因变量水平高的选项出现的概率高, 故联接函数选择辅助对数—对数, 模型拟合的卡方值 764.77, $p<0$, 即放入的自变量具有有效性, 本次模型构建有意义。通过逐渐剔除不显著的自变量, 最终进入模型的自变量为生源地和家庭经济收入, 得到模型如下:

$$\ln\frac{p(y\leqslant 3)}{1-p(y\leqslant 3)} = -0.213 + 3.564 \times 生源地(=1) + 3.139 \times 生源地(=2) + 0.386 \times 生源地(=3) + 2.913 \times 家庭收入(=1) + 2.654 \times 家庭收入(=2) + 1.734 \times 家庭收入(=3)$$

$$\ln\frac{p(y\leqslant 4)}{1-p(y\leqslant 4)} = 2.825 + 3.564 \times 生源地(=1) + 3.139 \times 生源地(=2) + 0.386 \times 生源地(=3) + 2.913 \times 家庭收入(=1) + 2.654 \times 家庭收入(=2) + 1.734 \times 家庭收入(=3)$$

模型中生源地以乡镇农村牧区为对照组, 家庭经济收入以 11 万—

20万元为对照组，模型在生源地和家庭收入的系数均为正数，除了在生源地为县级市的系数小于1以外，其他系数都大于1，生源地越远离中心城市和家庭经济收入越高，系数的值越小，可以理解为生源地为省会城市和接近城市、家庭经济收入较低的学生对中国特色社会主义理论认同度越高。

（二）主观态度、政治观与中国特色社会主义理论认同的协同分析

1. 主观态度与中国特色社会主义理论认同的协同分析

本研究对问卷调查表中的生活态度、生活满意度、人生目标的选项进行统计分析，选项分 5 个等级：1 级：消极、不满意、不明确；2 级：不太积极、不太满意、不太明确；3 级：一般；4 级：比较积极、比较满意、比较明确；5 级：非常积极、非常满意、非常明确。生活态度、生活满意度、人生目标描述统计分析见表 6-3。

表 6-3　生活态度、生活满意度、人生目标描述统计分析

认同等级	生活态度			生活满意度			人生目标		
	频率	百分比	累计百分比	频率	百分比	累计百分比	频率	百分比	累计百分比
1	0	0	0	8	0.7	0.7	4	0.3	0.3
2	5	0.4	0.4	37	3.2	3.9	80	6.9	7.2
3	180	15.5	15.9	183	15.8	19.7	157	13.5	20.8
4	572	49.3	65.3	556	47.9	67.6	620	53.4	74.2
5	403	34.7	100.0	376	32.4	100.0	299	25.8	100.0
均值	4.1836			4.0819			3.9741		
标准差	0.69752			0.81573			0.83662		
变异系数	0.167			0.2			0.211		

（1）主观态度的变异性分析

"生活态度"均值最大，变异系数最小，选项的集中程度最高，选择"比较积极"和"非常积极"占84%；其次是"生活满意度"，选择"比较满意"和"非常满意"的占80.3%；"人生目标"均值最小，且变异系数最大，即在这项选择上较分散，选择"比较明确"和"非常明

确"的占 79.2%。可见，学生的生活态度积极，生活满意度较高。在人生目标方面，高职院校需要加强"三全育人"，引导学生开展职业生涯规划，帮助学生树立正确的人生观。

（2）主观态度的相关性分析

为了进一步研究生活态度、生活满意度和人生目标等主观态度对中国特色社会主义理论认同的影响，对变量进行相关性检验。由于生活态度、生活满意度、人生目标以及对中国特色社会主义理论体系认同均为定序数据，我们选择定序数据的 G 相关系数，生活态度、生活满意度、人生目标与中国特色社会主义理论认同的 G 相关系数分别为：0.106、0.925、0.836。"生活满意度"与"中国特色社会主义理论认同"的 G 相关系数最大，其次是"人生目标"，而"生活态度"与"中国特色社会主义理论认同"的 G 相关系数值最小，即："生活满意度"和"人生目标"越高，中国特色社会主义理论认同度也越高。

2. 主观态度与政治观的相关性分析

本研究设计了 5 个问题来衡量学生的政治观，分别是：问题 1（简称政治观 1）您对我国当前政治形势的看法；问题 2（简称政治观 2）您对党中央领导集体推出一系列经济建设重要举措的看法；问题 3（简称政治观 3）您对当前党和国家的反腐败工作的信心；问题 4（简称政治观 4）您对中国特色社会主义道路的信心；问题 5（简称政治观 5）您对"中国特色社会主义发展"的信心。对生活态度、生活满意度、人生目标和 5 个政治观指标做相关性检验，G 值见表 6-4。

表 6-4　主观态度与政治观的相关系数 G 值

主观态度	政治观 1	政治观 2	政治观 3	政治观 4	政治观 5
生活态度	-0.262	0.569	0.572	0.373	-0.217
生活满意度	0.597	-0.289	-0.213	-0.527	0.529
人生目标	0.421	-0.529	-0.393	-0.428	0.401

由表 6-4 可见，"生活满意度"与"政治观 1"的 G 相关系数最大，表明生活满意度越高，对政治形势的看法越积极。

"生活态度"与"政治观 2"的 G 相关系数最大，表明生活态度越积极，对经济建设举措越看好。

"生活态度"与"政治观 3"的 G 相关系数最大，即生活态度越积极，学生对当前党和国家的反腐败工作越有信心。

"生活态度"与"政治观 4"的 G 相关系数最大，表明生活态度越积极，对中国特色社会主义道路越有信心。

"生活满意度"与"政治观 5"的 G 相关系数最大，表明生活满意度越高，对中国特色社会主义发展信心越强。

由 G 值大小可以看出，生活态度在政治观 2、政治观 3、政治观 4 都取到了最大值，生活满意度在政治观 1、政治观 5 方面取到了最大值，人生目标与生活态度、生活满意度相比，在这 5 个政治观方面均没有取到最大值，但人生目标与全部 5 个政治观点的 G 相关系数的绝对值都接近或大于 0.4，相关性更强，即人生目标与政治观点的认同态度相关。在学生的教育中，更要加强对学生人生目标的教育和引导，要用正确的人生观、价值观、世界观、文化观、民族观教育学生、引导学生、塑造学生，培养学生的家国情怀、民族精神、拼搏精神。

（三）高职院校大学生中国特色社会主义理论认同的调查结论和启示

1. 高职院校大学生中国特色社会主义理论认同受到多种因素的影响，并且影响程度不同

高职院校大学生中国特色社会主义理论认同受到多种因素的影响，除了性别、年级、专业、学生干部身份、政治面貌、生源地、家庭年收入以外，生活态度、生活满意度、人生目标和政治观都对高职大学生中国特色社会主义理论认同有影响，而且影响程度不同。一是家庭收入高、乡镇、农村或牧区、非学生干部、非党团员和低年级学生对中国特色社会主义理论认同度分别低于家庭收入低、县级以上地区、学生干部、党团员和高年级学生。此外，生活满意度高、人生目标明确的学生对中国特色社会主义理论认同度更高。

2. 主观态度、政治观之间的相互影响

政治观对于中国特色社会主义理论认同起到的是中介作用。高职院校大学生的生活满意度越高，对政治形势的看法越积极，对中国特色社会主义发展信心越强。生活态度越积极，对经济建设举措越看好，对中国特色社会主义道路越有信心，而人生目标与所有的政治观都相关，因此，对高职院校大学生政治观的塑造离不开对人生目标的教育和引导，要培养高职院校大学生积极的政治观[244]，就要加强学生的人生目标教育，把社会主义核心价值观融入教育教学中。

3. 加强思想政治教育，提升中国特色社会主义理论认同

一是办好思想政治理论课。思想政治理论课是提升中国特色社会主义理论认同的主渠道。在"提质培优"背景下，加强思政课教师队伍的教学能力和科研能力培养，开发思政课程与课程思政的示范课程、示范课堂和典型案例，建设精品在线开放课程与教学资源库，开展以学生为中心的"金课"建设，提高思政课教学的实效性，通过提升高职大学生对中国特色社会主义理论认知，来提升对中国特色社会主义理论认同。二是加强日常思想政治教育。班主任、辅导员、任课教师、学校党政干部、学生干部通过班会、德育活动课、党团和学生会活动、社会实践活动、开设讲座和课程思政，针对家庭收入高、乡镇、农村或牧区、非学生干部、非党团员和低年级学生加强日常思想政治教育，引导高职大学生树立正确的人生观和政治观。三是加强思政课与日常思想政治教育的协同。通过构建"大思政"格局，逐步建立"三全育人"机制，打造思政课与日常思想政治教育的协同育人团队的价值和作用。

三、教学参与度对学生学习效果的影响

（一）思想政治理论课教学参与度的内涵及度量

1. 思想政治理论课教学参与度的内涵

思想政治理论课教学参与度指学生参与思政课教学活动的程度，

具有认知参与度、行为参与度和情感参与度三个维度。认知参与度是指学生在思想政治课教学过程中的思维集中状态和思维活跃度；行为参与度是指有目的地参与到思想政治课教学活动中的程度；情感参与度是指思想政治课教学过程中投入情感的程度[245]。思想政治理论课教学参与度包括参与线上和线下两部分教学过程和教学活动的程度。

2. 思想政治理论课教学参与度的度量

（1）混合式教学平台为准确、客观测量教学参与度提供可能

度量教学参与度的方法大多采用问卷调查法、观察法和个别访谈法等，由于问卷调查和访谈都以学生的回答作为判断依据，影响结果准确性和真实性的因素较多。同时，思想政治课大多采取大班授课，学生人数较多，通过观察法估算教学参与度有一定的难度。当前，"线上＋线下"混合式教学被广泛应用于思想政治课教学，学生的行为参与不再局限于线下教学活动，已经扩展到线上教学活动。线上教学平台可以提供记录每个学生学习行为的教学报告，有助于准确、客观地分析学生的教学参与度。

（2）思想政治理论课教学参与度的度量指标体系

为了便于通过数据模型进行计算，从线上教学参与度和线下教学参与度两个方面来度量教学参与度。线上教学参与度从四个方面来度量：一是资源学习比率，即：学生学习的资源数量在教师发布资源总量中所占的比率。二是线上教学活动参与度，即：学生参与的线上教学活动的数量在教师线上发布教学活动总量中所占的比率。三是线上作业（或小组任务）完成比率，即：学生完成的线上作业（或小组任务数量）在教师线上发布线上作业（或小组任务总量）中所占的比率。四是参与线上讨论答疑次数。线下教学参与度从以下三个方面来度量：一是课堂出勤率，即：签到次数。二是课堂讨论参与次数，即：学生参与线下讨论、答疑次数。三是课堂笔记（或作业）得分。

（3）学生思想政治理论课教学参与度的计算方法

采用综合评价的方式对指标体系进行度量，即直接将7个三级指标"合并"成一级指标。整个计算过程采用投影寻踪法，这一方法不仅能

够避免因子分析法、熵值法运用过程中造成的数据信息损失，还能够规避层次分析法等人为赋权重时所带来的主观偏颇，是进行指标评估的一种较新的、较为科学的方法。以线上教学参与度为例，具体步骤如下：

1）评价指标的无量纲化：

$$x'_{ij} = \frac{x^*_{ij} - \min(x^*_{ij})}{\max(x^*_{ij}) - \min(x^*_{ij})} \tag{6-18}$$

式（6-18）中：x'_{ij} 表示第 i 个学生第 j 个指标值，$\max(x^*_{ij})$、$\min(x^*_{ij})$ 分别表示第 i 个学生第 j 个指标的最大值和最小值。无量纲化后的数据会出现 0，在后期的计算中为消除这一影响，这里对无量纲化后的数据进行平移：

$$x_{ij} = x'_{ij} + \alpha \tag{6-19}$$

其中，α 为平移幅度，为尽可能减少平移的数据的影响，选取 $\alpha = 0.01$。

2）构造投影指标函数 $Q(a)$：

$$Q(a) = S_z \times D_z \tag{6-20}$$

$$S_z = \sqrt{\frac{\sum_{i=1}^{n}(z_i - E_z)^2}{n-1}} \tag{6-21}$$

$$D_z = \sum_{i=1}^{257} \sum_{j=1}^{4} (R - r_{ij}) u(R - r_{ij}) \tag{6-22}$$

计算最优投影方向上的最优投影值 z_i：

$$z_i = \sum_{j=1}^{4} a_j \times x_{ij} \tag{6-23}$$

上式中，S_z 为 z_i 的标准差，D_z 为 z_i 局部密度，E_z 为序列 z_{it} 的均值，R 为局部密度的窗口半径，$r_{ij} = |z_{it} - z_{jt}|$，表明样本之间的距离，$u(R - r_{ij})$ 为单位跃阶函数，当 $R \geqslant r_{ij}$ 时，函数值为 1，反之则为 0。a_j 表示各学生的第 j 个指标的投影方向。

3）优化投影指标函数：

$$\max Q(a) = S_z \times D_z \qquad \text{s.t.} \sum_{j=1}^{4} a_{jt}^2 = 1 \tag{6-24}$$

由于传统逼近方法难以解决这一复杂的非线性优化问题，因而采用加速遗传算法（RAGA）来实现高维数据全局上的寻优，最终测算出四个指标的最佳投影方向 a，"线上 + 线下"教学参与度投影方向值如表 6-5 所示。

表 6-5　基于"线上 + 线下"混合式教学的教学参与度投影方向值

一级指标	二级指标	三级指标
教学参与度	线上教学参与度	资源学习比例 %（$a=0.279$）
		线上教学活动参与度 %（$a=0.181$）
		线上作业 / 小组任务完成比例 %（$a=0.856$）
		线上讨论答疑次数（$a=0.304$）
	线下教学参与度	课堂出勤率 %（$a=0.111$）
		课堂讨论参与次数（$a=0.173$）
		课堂作业 / 笔记得分（$a=0.149$）

再利用式（6-23）就可以计算出最佳投影值 z，该投影值也就是线上教学参与度。通过这种方法，我们可以计算出线下教学参与度，最后，与线上教学参与度结合，计算出每个学生的线上 + 线下教学参与度[246]。

（二）教学参与度对期末成绩的影响分析

目前，中、小学教学改革比较关注教学参与问题，而高等教育对教学参与度的研究相对薄弱。本研究试图在构建教学参与度指标体系的基础上，测算出教学参与度对学生期末成绩的影响。

1. 数据来源

在乌鲁木齐职业大学 2019—2020 学年第一学期"毛泽东思想和中国特色社会主义理论体系概论"课程（简称"概论"课）教学中使用了蓝墨云班课这一混合式教学平台，选取计算机 1803 班（51 人）、印刷技术 1812 班（34 人）、印刷技术 1811 班（35 人）、数字媒体 1807 班（44 人）、旅游管理 1803 班（52 人）、旅游 1701 班（36 人）共 252 人作为研究对象。

研究对象的"概论"课期末成绩来源于学校青果教务系统，教学参与度 7 个三级指标数据，除了课堂作业和笔记成绩来自学生作业成绩统计外，其他都来自云班课后台教学报告。以计算机 1803 班学号前 10

名的同学为例，学生的基础数据如表 6-6。

表 6-6　计算机 1803 班部分同学基础数据

序号	性别	经验值	经验值百分比	学习时长	班级测试	期末成绩	整体计算
	gender	exp	exp1	time	class	sem_sco	教学参与度（一级指标）
1	1	973	86	94	383	86	1.483092
2	2	940	87	94	416	41	0.888707
3	2	927	89	84	410	41	1.085332
4	1	916	87	92	408	93	1.462966
5	2	883	88	94	418	93	1.405839
6	2	878	87	94	420	90	1.478306
7	1	872	87	94	354	80	1.506155
8	1	868	85	94	402	92	1.504042
9	2	864	85	94	414	96	1.481889
10	1	855	84	94	362	85	1.476025

注："线上＋线下"教学参与度数据根据蓝墨云班课后台教学报告数据计算得到。

2. 回归分析

首先从整体上考察教学参与度对学生期末成绩的影响，进而分别考察这种影响在男生和女生中存在的差别。构建如下线性模型：

$$Y = \beta_0 + AX + \beta_1 exp + \beta_2 time + \beta_3 class + \varepsilon_i \tag{6-25}$$

采用最小二乘法对上述模型进行参数估计，系数 A 是核心变量系数，反映出教学参与度对学生期末成绩的影响。模型估计结果如表 6-7 所示：

表 6-7　教学参与度对期末成绩的影响（整体效果）

变量	系数	标准差	t 统计值	p 值
教学参与度（x）	6.797*	3.527	1.930	0.055
经验值（exp）	−0.039***	0.012	−3.270	0.001
查看资源时长（time）	0.068***	0.015	4.470	0.000
班级测试（class）	0.095***	0.018	5.310	0.000
常数项	59.366***	3.627	16.370	0.000
$F_{(4, 252)}$	14.040***			
R^2	0.182			
回归方程	Y=6.797*(x)−0.039***(exp)+0.068***(time)+0.095***(class)+59.366***			

由于不同性别的学生学习习惯不同，教学参与度不同，期末成绩呈现出不同的变化。因此，进一步考察男生和女生教学参与度对期末成绩影响，可以发现这种影响在男生和女生中的差别。（见表6-8、表6-9）

表6-8　教学参与度对期末成绩的影响（男生）

变量	系数	标准差	t 统计值	p 值
教学参与度（x）	13.284**	5.971	2.220	0.028
经验值（exp）	−0.048**	0.020	−2.370	0.020
查看资源时长（time）	0.130***	0.026	5.070	0.000
班级测试（class）	0.108***	0.031	3.460	0.001
常数项	44.681***	5.952	7.510	0.000
$F_{(4, 252)}$	11.690***			
R^2	0.332			
回归方程	Y=13.284**(x)−0.048**(exp)+0.130***(time)+0.108***(class)+44.681***			

表6-9　教学参与度对期末成绩的影响（女生）

变量	系数	标准差	t 统计值	p 值
教学参与度（x）	−3.324	4.090	−0.810	0.418
经验值（exp）	−0.016	0.014	−1.140	0.256
查看资源时长（time）	0.004	0.018	0.230	0.815
班级测试（class）	0.058***	0.021	2.830	0.005
常数项	75.728***	4.353	17.400	0.000
$F_{(4, 252)}$	3.460***			
R^2	0.083			
回归方程	Y=−3.324(x)−0.016(exp)+0.004(time)+0.058***(class)+75.728***			

3. 实证结果及分析

（1）对教学效果影响由大到小依次是：线上作业（或小组任务）完成比率、线上讨论答疑次数、资源学习比率、线上教学活动参与度、课堂讨论参与次数、课堂作业（或笔记）得分、课堂出勤率。

（2）教学参与度、经验值、查看资源时长、班级测试对期末成绩的回归方程：

$$Y=6.797*(x)-0.039***(exp)+0.068***(time)$$
$$+0.095***(class)+59.366*** \tag{6-26}$$

教学参与度、经验值、查看资源时长、班级测试对男生期末成绩的回归方程：

$$Y=13.284**(x)-0.048**(exp)+0.130***(time)$$
$$+0.108***(class)+44.681*** \tag{6-27}$$

教学参与度、经验值、查看资源时长、班级测试对女生期末成绩的回归方程：

$$Y=-3.324(x)-0.016(exp)+0.004(time)$$
$$+0.058***(class)+75.728*** \tag{6-28}$$

由此可见：混合式教学各种变量对男生的期末成绩回归均显著，教学参与度、资源学习时长和在线测试成绩对期末成绩呈正相关。除了班级测验对女生的期末成绩回归显著外，其他因素都不显著，而且男生在线测试对期末成绩的影响大于女生。

（3）根据教学观察，学生在混合式教学中有刷经验值的现象，由于无论学生是否认真查看资源、在线测试成绩是多少，云班课后台均会计入经验值，因此，经验值的高低与期末成绩的相关性不显著。男生在课堂讨论、教学活动参与方面较女生更为积极，但是课堂作业（或笔记）总体得分低于女生。由于研究对象的期末考试重在对基本知识点的考核，大多数女生复习准备相对充分，期末平均成绩相对于男生更高。因此，鼓励学生更多地参与到课堂教学需要增加期末考试材料分析题及其难度，侧重于考核学生独立思考问题的能力，并对综合成绩的构成和权重进行调整，将教学参与度纳入综合成绩。

（三）提高思想政治课教学参与度的对策建议

"线上＋线下"的教学参与度对期末成绩有正向影响，能够改善教学效果。提高思想政治课的教学参与度，是实现"主导性与主体性相统一"的必然要求，而要吸引学生主动参与到思想政治课教学中去，思想政治课教师是关键，教学评价体系的变革是抓手。

1. 提高师生思想政治课教学主导性意识与主体性意识

思想政治理论课发挥着铸魂育人的关键作用，关系到中国共产党和中华民族的千秋伟业。要把大学生培养成社会主义事业的合格建设者和接班人，一方面，思想政治课教师要在课堂教学中发挥主导性，不仅主导教学形态，还要主导教学节奏，充分尊重学生的学习需求，设计、提出一系列突出职业导向、联系学生实际的问题，通过有效提问引导学生自主学习，启发学生主动寻找问题的答案。另一方面，学生也需要改变被动接受的学习方式，发挥主体性作用，主动回应教师的发问，与教师开展良性互动，思想交流交锋，参与讨论、头脑风暴、辩论、PPT展示等教学活动，实现对问题认识从学理性到政治性，从知识性到价值性的不断深化和拓展。而要实现主导性与主体性的统一，需要师生协同，将教与学统一起来，相互融合、相互促进，将主导性与主体性统一于思想政治课教学全过程，不断增强思想政治课的思想性、理论性和亲和力、针对性。

2. 增强师生教学互动参与的能力

思想政治课教师需要具有把控课堂的能力，能够主导教学，但是把控课堂并不需要教师从头讲到尾，一味灌输政治理论，而是要把教学的空间和时间留给学生，培养学生自主学习和合作学习的能力。一方面，教师要加强对学生认知规律、成长成才规律的认识和把握，紧紧围绕学生的学习需求，明确教学目标，合理设计教学内容，做到线上、线下教学内容完整、有条理、相互关照，相互补充，教学互动灵活多样，并对线上教学资源进行及时维护[247]。另一方面，学生也要改变过去有教无学的不良习惯，积极配合教师的教学改革和教学过程，增强自我教育、自我学习、自我管理的能力，变"要我学"为"我要学"、"我会学"，不断提高自身认识问题、分析问题和解决问题的能力，不断增强思想政治课学习的获得感。

3. 开展教学反馈与评价的改革

提高学生的教学参与度，学校应当对传统的教学评价体系进行改革。一方面，对于教师的考核，要增加教师引导学生积极参与教学的引导鼓励方法、引导学生独立思考程度、交互学习的程度、促进学生积极学习的能力以及教师自身信息化教学手段使用能力等方面的考核指标，鼓励教师积极开展混合式教学法、积极教学法等教学改革。另一方面，对学生的考核，要增加过程性评价的内容，尤其要着重考核学生资源学习的完成度，线上、线下教学活动的完成度，线上、线下小组作业、测验的完成程度等课堂表现的指标。综合成绩中平时成绩可以用云班课经验值百分制得分替代，通过反复测试学习资源、签到、测试、轻直播（讨论）、投票问卷、作业（小组任务）、课堂表现、被老师点赞加分等项目的权重设置，减少区分度小、容易刷分的项目权重。同时，开展师生对混合式学习的意愿、对思维能力的提高程度、信息技术能力的提升程度等学习效果反馈。通过开展教学反馈和评价的改革，充分发挥教学评价的指挥棒作用，引导学生积极参与课堂教学，教师要重视发挥学生学习的主动性、积极性。

总之，高职院校思想政治理论课教学改革需要努力提高学生教学参与度，发挥学生好学、善学的主体性，教师乐为、敢为、有为的主导性，并使两者的统一内化于"八个相统一"的要求中。在师生互动、同频共振过程中，提高思想政治课的吸引力，增强高职大学生对中国特色社会主义理论体系的认同感和获得感，改善思想政治理论课教学效果。

四、高职院校思想政治理论课混合式教学效果研究

（一）研究方法

思想政治理论课教学除了在课堂上进行传统面授外，还可借助专门思想政治课教学网站、慕课平台以及云班课、智慧职教云、雨课堂等移动教学平台学习教师提供的讲义、课件等线上教学资源，参与头脑风

暴、小组合作学习等线上教学活动以及线上测试和完成思考题，学生在观看教学资源、完成线上测试和课堂教学活动的同时即可获得经验值。因此，经验值在一定程度上反映学生过程性学习的努力程度。

平时的过程性学习态度端正，投入学习时间多，经验值高，是否期末成绩就高？要分析平时过程性学习成效的经验值大小对期末成绩是否有影响，我们采用线性回归方法，以经验值为自变量，期末成绩为因变量，用经验值对期末成绩做回归分析，看经验值对期末成绩影响的大小。分两步进行：第一步：做经验值与期末成绩的散点图，观察数据点的分布特征，看两者之间的变化是否呈现一定的线性趋势；第二步：如果两者之间呈线性趋势，则进行相关性检验，如果相关系数较大，则可以考虑建立线性回归模型。在这里，我们假设期末卷面成绩为因变量 Y，云班课的经验值为自变量 x，建立的线性回归模型为：$Y=a+bx$[248]。我们使用 SPSS17.0 进行数据统计分析。

（二）数据来源

本研究在乌鲁木齐职业大学 2018—2019 学年第一学期"概论"课教学中使用云班课这一混合式学习平台，选取工业设计 1703 班（42人）、机械制造与自动化 1705 班（40人）、汽车运用与维修技术 1707班（47人）共 129 人作为研究对象。

研究对象的"概论"课综合成绩包括平时成绩和期末成绩两部分，其中：平时成绩占综合成绩的 40%，期末成绩占 60%。这里的经验值数据来源于云班课三个班后台课堂数据，期末成绩来自乌鲁木齐职业大学教务管理系统数据。

（三）混合式教学效果的分析

1. 经验值与期末成绩的散点图分析

首先做工业设计 1703 班、机械制造与自动化 1705 班和汽车运用与维修技术 1707 班三个教学班的经验值和期末成绩的散点图（见

图 6-2、图 6-3 和图 6-4)。

根据图 6-2、图 6-3 和图 6-4 经验值与期末成绩的分布特征可以看出共同的规律：除少数同学成绩比较发散之外，绝大多数同学的成绩相对比较集中，经验值越高，期末成绩也越高，基本呈线性趋势。而且工

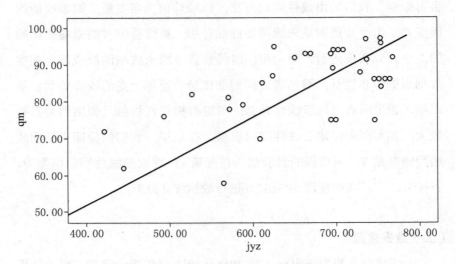

图 6-2　工业设计 1703 班经验值和期末成绩关系散点图

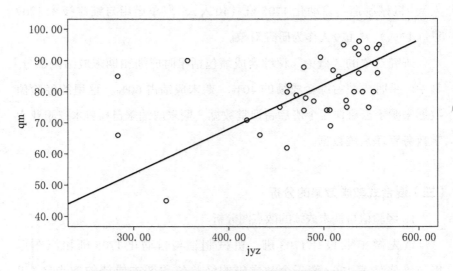

图 6-3　机械制造与自动化 1705 班经验值和期末成绩关系散点图

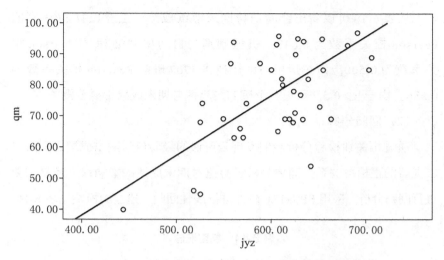

图 6-4　汽车运用与维修技术 1707 班经验值和期末成绩关系散点图

业设计 1703 班经验值和期末成绩线性趋势最强，基本呈线性分布。机械制造与自动化 1705 班经验值和期末成绩线性关系弱于工业设计 1703 班，但是也比较强。汽车运用与维修技术 1707 班经验值和期末成绩线性关系最弱，成绩相对比较分散。

2. 经验值与期末成绩的相关性分析与回归分析

（1）相关性分析

通过相关系数进行变量之间线性关系的分析，以便研究集中区域经验值和期末成绩的逻辑关系。利用 SPSS17.0 软件，对三个教学班级的经验值数据（用 jyz 表示）和期末成绩数据（用 qm 表示）进行相关性检验，得到的指标见表 6-10。

表 6-10　相关系数

班级	工业设计 1703 班	机械制造与自动化 1705 班	汽车运用与维修技术 1707 班
相关系数	0.648	0.5	0.586
显著性检验概率	0	0.001	0

从表 6-10 可以看出经验值与期末考试成绩：工业设计 1703 班的 Pearson 相关系数为 0.648，机械制造与自动化 1705 班的 Pearson 相关系数为 0.500，汽车运用与维修技术 1707 班的 Pearson 相关系数为 0.586。由于 |r|>0.5，可见三个班的经验值与期末成绩都显著相关。

（2）回归分析

通过相关性检验分析我们发现云班课的经验值与期末成绩之间具有较显著的正相关关系。而要分析经验值对期末成绩的影响程度还是需要进行回归分析。采用 SPSS17.0 软件进行线性回归，建立的模型见表 6-11。

表 6-11　模型汇总

项目	工业设计 1703 班	机械制造与自动化 1705 班	汽车运用与维修技术 1707 班
一元线性回归模型	y=0.069x+39.446	y=0.076x+43.553	y=0.157x-18.934
R	0.648	0.500	0.586
R^2	0.42	0.25	0.344
调整后的 R^2	0.405	0.230	0.326
标准估计的误差	7.50825	9.47389	12.16434

从表 6-11 可以看出：拟合的工业设计 1703 班回归方程的经验值可以解释期末成绩 42% 左右的变异，1705 班拟合方程的经验值可以解释期末成绩 25% 的变异，1707 班拟合方程的经验值可以解释期末成绩 34% 的变异。

将以上三个教学班经验值与期末成绩拟合的回归方程的常数项、回归系数的估计值和检验结果汇总到系数表中。（见表 6-12）

从系数表 6-12 可以看出：工业设计 1703 班、机械制造与自动化 1705 班、汽车运用与维修技术 1707 班的线性回归方程的经验值系数均大于 0，说明经验值提高，期末成绩也提高；轴距系数大于 0，1705 班的轴距比 1703 班大，期末成绩也相对高。经过 T 检验，经验值和期末成绩的显著性 P 值都小于 0.001，因而均有显著性意义。汽车运用与维修技术 1707 班除了常数项的 P 值为 0.39>0.10，但经验值通过了显著性检验[249]。

表 6-12　系数 [a]

模型			非标准化系数		标准系数试用版	t	Sig.
			B	标准误差			
工业设计 1703 班	1	（常量）	39.446	9.015		4.376	0
		x	0.069	0.013	0.648	5.179	0
机械制造与自动化 1705 班	1	（常量）	43.553	10.732		4.058	0
		x	0.076	0.022	0.5	3.513	0.001
汽车运用与维修技术 1707 班	1	（常量）	-18.934	21.745		-0.871	0.39
		x	0.157	0.036	0.586	4.401	0

（四）结论

通过散点图可以直观地发现云班课的经验值与期末成绩存在相关性。相关性分析和回归分析表明：工业设计 1703 班和机械制造与自动化 1705 班的经验值与期末成绩具有正相关关系，经验值越高期末成绩也越高。但是考虑到回归模型的 R^2 为 0.42 和 0.25，说明混合式学习效果是多种因素综合作用的结果，还受到教学内容、教材、教师、考核方法等多种因素的影响。

汽车运用与维修技术 1707 班云班课经验值与期末成绩之间相关性较弱。进一步对这个班成绩进行分析发现：该班学生的云班课成绩普遍较高，甚至高于其他两个班，但是期末成绩并不理想，高分较少。这恰恰反映出经验值在评估平时线上学习效果时存在盲点：很多学生打开了云班课的资源，并没有认真学习，完成线上作业、测试的质量不高，即：存在刷分现象，这个也是云班课教学平台今后需要改进的地方，通过技术改进只为有效学习和评论增加经验值。与此同时，少数同学观看视频等资源时间短，但是期末成绩较高，说明这些同学有期末突击复习的习惯。

第七章　高职院校大学生中国特色社会主义理论认同教育内容体系整合

在全面建成小康社会，迈向建设社会主义现代化强国的新征程中，用中国特色社会主义理论体系武装青年大学生，并以此理论为指导，增强大学生对中国特色社会主义的道路自信、理论自信、制度自信和文化自信，培养堪当中华民族伟大复兴重任的接班人具有重要意义。

一、高职院校大学生中国特色社会主义理论认同教育内容

党的十七大提出了"中国特色社会主义理论体系"的科学命题。中国特色社会主义理论认同教育的目的是向受教育者传播、弘扬以社会主义核心价值观为核心的价值观念和价值立场，增强中国特色社会主义认同。然而，理解并接受马克思主义及其中国化时代化科学理论成果是树立正确价值观的前提条件，大学生只有掌握中国特色社会主义理论体系及知识运用能力，才能筑牢科学思想观念的基础。中国特色社会主义理论认同教育要坚持价值性与知识性的统一[250]，价值性统摄知识性，知识性服务于价值性[251]。

（一）马克思主义中国化时代化

恩格斯曾经说："我们的理论是发展着的理论，而不是必须背得烂熟并机械地加以重复的教条。"[252]党的二十大报告指出："实践告诉我们，中国共产党为什么能，中国特色社会主义为什么好，归根到底是马克思主义行，是中国化时代化的马克思主义行。"[253]中国共产党自从掌

握了马克思主义科学理论，始终坚持把马克思主义基本原理与中国具体实际相结合，并且结合中华优秀传统文化，开展本土化改造和创新性发展，正确回答了实践过程中出现的中国之问、世界之问、人民之问和时代之问。

中国共产党人着眼解决中国革命、建设、改革的实际问题，形成能够指导中国实践的理论成果。以毛泽东同志为主要代表的中国共产党人在新民主主义革命时期创立了毛泽东思想，并在社会主义革命和建设时期进一步丰富和发展毛泽东思想，实现了马克思主义中国化时代化的第一次历史性飞跃。改革开放和社会主义现代化建设时期，以邓小平同志、江泽民同志、胡锦涛同志为主要代表的中国共产党人相继创立、形成邓小平理论、"三个代表"重要思想和科学发展观。中国特色社会主义进入新时代，以习近平同志为主要代表的中国共产党人立足时代之基、引领时代之变创立了新时代中国特色社会主义思想，实现了马克思主义中国化时代化新的飞跃。

马克思主义中国化时代化这个核心概念是一把开启中国特色社会主义理论认同教育之门的金钥匙，处于中国特色社会主义理论认同教育教学优先位置，是将马克思主义及其中国化时代化成果连接起来的一根红线。马克思主义、毛泽东思想、中国特色社会主义理论体系具有共同的理论渊源——马克思主义，共同的灵魂——解放思想、实事求是、与时俱进、求真务实，成果之间环环相扣，是既一脉相承又与时俱进的关系，后一个理论是对之前理论的继承与发展。

（二）中国特色社会主义理论体系回答的根本问题

马克思恩格斯指出："一切划时代的体系的真正的内容都是由于产生这些体系的那个时期的需要而形成起来的。"[254]中国特色社会主义理论体系是在解决时代课题过程中形成和发展起来的，科学回答了建设和发展中国特色社会主义最根本的三个问题，即：什么是社会主义、怎样建设社会主义？建设什么样的党、怎样建设党？实现什么样的发展、怎样发展？习近平新时代中国特色社会主义思想科学回答了道路之问"新时代坚持和发展什么样的中国特色社会主义、怎样坚持和发展中国特色社会主义"，强国之问"建设什么样的社会主义现代化强国、怎样建设社会主义现代化强国"以及强党之问"建设什么样的长期执政的马克思主义政党、怎样建设长期执政的马克思主义政党"。中国共产党关注历史课题、时代之问，不拘泥于书本教条，扎根中国改革开放和社会主义现代化建设的伟大实践大胆创新，敢闯敢试，针对出现的新情况新问题探索新方法新出路，及时将实践经验总结提炼和升华，深化对"三大规律"的认识。

（三）中国特色社会主义理论体系形成的时代背景和条件

中国特色社会主义理论体系形成的时代背景发生了深刻变化。一是和平与发展成为时代的主题是邓小平理论形成的时代背景。1976 年"文化大革命"结束后，邓小平同志复出，美国和苏联两大阵营力量对比更趋平衡，国际局势有所缓和，新科技革命发展迅猛。二是"三个代表"重要思想是科学判断冷战结束后国际局势基础上形成的。20 世纪 80 年代末 90 年代初，东欧剧变苏联解体，国际环境发生巨大变化，世界呈现一超多强的格局，和平与发展虽然仍是时代主题，世界多极化和经济全球化在曲折中发展。同时，现代科学技术迅猛发展，深刻推进世界经济发展和全球化进程。三是科学发展观是在科学判断世界发展趋势，借鉴国外发展经验基础上形成的。进入 21 世纪，和平与发展仍然是时代主题，世界多极化不可逆转、经济全球化继续深入，科技革命加快发展，中国在世界的影响力不断提高。与此同时，我国发展的外部条件日益复杂多变，不稳定不确定因素增多。国外发展模式暴露出世界经济增长模式的弊端为我国发展提供了经验教训。四是习近平新时代中国特色社会主义思想是在科学认识全球发展大势、把握世界格局变化基础上作出的重大战略判断。一场突如其来的新冠疫情给世界经济和政治带来极为不利的影响，经济全球化遭遇逆流，世界经济雪上加霜，俄乌冲突使世界力量对比加速变化，霸权主义抬头，新一轮科技革命和产业革命浪潮汹涌而来，中国在"东升西降"的国际经济版图变化中国际影响力、话语权进一步增强。

中国特色社会主义理论体系形成的历史根据与实践基础。自从1956年我国确立社会主义制度后，我国对社会主义道路进行初步探索，社会主义建设的经验教训为邓小平理论的形成提供历史根据。在世纪更迭之际，中国共产党所处的地位、环境，肩负的历史任务和党的自身状况等历史方位发生重大变化，"三个代表"重要思想就是在科学判断党的历史方位和总结历史经验基础上形成的。党的十六大以来，党领导人民在深化改革开放，经受非典疫情、汶川特大地震等风险挑战，加快发展等实践经验基础上形成了科学发展观。党的十八大以来，习近平新时代中国特色社会主义思想是基于中华民族伟大复兴战略全局，在不断推进党的自我革命过程中提出来的。

中国特色社会主义理论形成的现实依据。党的十一届三中全会以后，我国开启了改革开放和现代化建设的伟大实践，为创立邓小平理论提供了现实依据。党的十三届四中全会以来，尽管面临各种风险挑战，但是在中国共产党领导下我国改革开放和现代化建设破浪前行，建设中国特色社会主义伟大实践是"三个代表"重要思想形成的现实依据。改革开放以来，我国经济社会发展迅猛，人民生活水平极大提高，但是我国正处于并将长期处于社会主义初级阶段的基本国情没有变，进入新世纪新阶段我国发展呈现出新的阶段性特征，这是科学发展观形成的现实依据。改革开放以来特别是党的十八大以来，我国取得全方位、开创性历史性成就和发生深层次、根本性历史性变革，社会主要矛盾发生变化，中国特色社会主义进入新时代，习近平新时代中国特色社会主义思想是在这样伟大的时代中形成的。

（四）中国特色社会主义理论体系的主要内容

邓小平理论是一个完整科学的体系，解放思想、实事求是是邓小平理论的思想精髓。以邓小平同志为主要代表的中国共产党人在坚持科学社会主义理论和实践基础上进行创新，提出社会主义本质论，作出我国处于并将长期处于社会主义初级阶段的科学论断，强调改革是发展动力，改革开放是强国之路，坚持"四项基本原则"为改革开放提供了政治保证，制定了"三步走"发展战略，强调社会主义的领导力量和依靠力量，创造性地提出"一国两制"来解决祖国统一问题，开创性地提出中国特色社会主义。

以江泽民同志为主要代表的中国共产党人，提出了"三个代表"重要思想，作出发展是党执政兴国第一要务的正确判断，确立了社会主义市场经济体制的改革目标和基本框架，确立了社会主义初级阶段的基本经济制度和分配制度，提出了"两个一百年"的奋斗目标，勾画出实现第三步战略目标的路线图。江泽民同志提出建设社会主义物质文明、政治文明和精神文明三大目标，为"五位一体"总布局奠定基础。江泽民同志提出坚持依法治国的科学内涵，强调依法治国与以德治国相结合的意义，推进党的建设新的伟大工程，成功把中国特色社会主义推向 21 世纪。

以胡锦涛同志为主要代表的中国共产党人，提出科学发展观，强调坚持以人为本、全面协调可持续发展，以科学发展为思路加快经济发展方式转变，发展社会主义协商民主，培养文化自觉和自信，弘扬社会主义核心价值体系，用中国特色社会主义理论体系武装全党、教育人民，构建社会主义和谐社会，全面提高党的执政能力建设和先进性建设，成功在新形势下坚持和发展了中国特色社会主义。

以习近平同志为主要代表的中国共产党人，提出了习近平新时代中国特色社会主义思想，并将主要内容概括为"十个明确""十四个坚持""十三个方面成就"和"六个必须坚持"，对新时代我国社会主要矛盾进行重新定义，调整了实现社会主义现代化强国"两步走"战略安排，提出立足新发展阶段，贯彻新发展理念，构建新发展格局的战略导向。党的十八大以来，习近平强军思想、习近平经济思想、习近平生态文明思想、习近平外交思想和习近平法治思想等逐步形成，成为习近平新时代中国特色社会主义思想的重要组成部分。

（五）中国特色社会主义理论认同教育内容的基本形态

中国特色社会主义理论认同教育内容构成包括五种基本形态，这五种基本形态共同构成中国特色社会主义理论认同教育内容。

一是思想政治观念形态。中国特色社会主义理论认同教育通过思政课主渠道以及宣传普及活动向大学生传播、灌输正确的世界观、历史观、政治观、法治观等价值观念、政治信念，帮助大学生树立马克思主义的价值立场和价值观念。思想政治观念中最根本的是政治价值观。人民立场、共产主义远大理想、爱国主义、社会主义核心价值观、职业道德、全面素质是中国共产党人的价值观，也是高职院校思想政治观念教育的主要内容。

二是政治理论形态。中国特色社会主义理论认同教育的目的是向受教育者传播、弘扬以社会主义核心价值观为核心的价值观念和价值立场，增强中国特色社会主义认同。然而，理解并接受马克思主义及其中国化时代化科学理论知识是树立正确价值观的前提条件，大学生只有掌握思想政治理论知识及知识运用能力，才能筑牢科学思想观念的基础。中国特色社会主义理论认同教育是围绕中国特色社会主义理论体系，尤其是习近平新时代中国特色社会主义思想展开的，传授理论知识仅仅是浅表学习，培养学生的高阶思维能力，进而形成正确的价值观才是最终目的。为了更好地掌握思政理论知识，有必要厘清知识的内在结构、类型和知识层级。

三是行为规范形态。中国特色社会主义理论认同教育落脚点不仅在于用中国特色社会主义理论体系武装、教育大学生，而且在于将这些思想观念和理论内化于心、外化于行，这就需要出台一系列内嵌倡导价值理念和思想政治理论的规则、标准、制度和法律法规，指导、规范和约束人们的行为，人们在学习、遵守行为规范的过程中体悟蕴含的观念和知识[255]，如：道德与法治教育、纪律教育、党和国家的制度、路线、方针和政策教育等。

四是精神品格教育。中国特色社会主义进入新时代以来，思想政治教育内容包含革命、建设和改革中孕育出的精神品质、英雄或先进模范的人格特质和作风风格等精神品格要素不断增多，精神品格要素突破思想政治观念、理论知识的具体形态，逐渐成为独立的形态。精神品格形态的教育内容是党和国家倡导的信仰追求、精神特质和作风风格，指引人们追寻、获得、锚定自己和社会未来发展的终极目标、意义和使命，对人们追寻信仰的意义和激发美好生活动力发挥长期的、相对稳定的引导作用[256]。精神品格教育包括中国精神、中国共产党精神谱系等教育。其中：中国精神包括以爱国主义精神为核心的、团结统一、爱好和平、勤劳勇敢和自强不息的民族精神和以改革创新为核心的时代精神。中国共产党人精神谱系教育内容以 2021 年 9 月中央宣传部梳理的46 种伟大精神为主[257]。

五是心理情感形态。情感认同是连接思想认知与价值认同、行动认同的中间环节。心理情感教育包括个体心理健康、社会心态、爱国主义、家国情怀等，通过培育健康心理和人格，平等、和谐、包容、理性、积极向上的社会心态，对故土家园的依恋、对骨肉同胞的亲近、对中华文化的礼敬、对自己国家的热爱，将对家庭的情谊与责任担当上升为对国家和人民的大爱与责任担当，增强爱国情怀、对中华民族共同体的深厚感情，对政府的信任，促进对中国特色社会主义理论价值认同，并将价值认同落实到实际行动中去。

二、中国特色社会主义理论认同教育内容的内在属性

教育内容是中国特色社会主义理论认同教育系统基本要素之一，是连接教育主体和教育客体的中介，教育目标和任务通过教育内容来体现和落实。中国特色社会主义理论认同教育内容生成与发展中具有系统

性、层次性、稳定性和动态性等特性。研究教育内容的内在属性有助于把握思想政治教育的发展规律，增强中国特色社会主义理论认同教育的实效性。

（一）中国特色社会主义理论认同教育内容的整体性

一是中国特色社会主义理论教育内容是一个结构完整、层次分明的复杂有机系统，中国特色社会主义理论认同教育内容呈现出思想政治观念、中国特色社会主义理论、行为规范、精神品质和心理情感等五种形态，这些内容既相互依存、相互渗透，又相互独立，无法相互替代，共同构成中国特色社会主义理论认同教育的内容体系。二是五种形态的教育内容边界并不清晰，存在一定程度的重叠和交错，不同形态的教育内容相互渗透，存在过渡性中间形态，不同形态的教育内容之间也可以转化。例如：爱国主义是中国特色社会主义文化认同的内容，而爱国主义不仅包含爱国思想、爱国观念等思想政治观念，爱国精神等精神品格，还包含报效祖国等行为规范。由于爱国主义教育具有突出的情感特征，也可以是心理情感教育内容。三是中国特色社会主义理论认同教育内容的整体性体现在不同形态和要素结构的共同作用，单一或少数几个形态的教育内容作用有限，需要统筹不同要素结构协调发挥作用，各个要素相互联系、相互作用，整体发挥效应大于单个要素的简单或机械相加。

（二）中国特色社会主义理论认同教育内容的层次性

中国特色社会主义理论认同教育内容系统的不同要素之间在地位、等级和相互关系上具有不同的层次。一是中国特色社会主义理论认同教育内容整体形态的层次性。在中国特色社会主义理论认同教育内容形态中，思想政治观念是根本性教育内容，中国特色社会主义理论体系是主导性教育内容，行为规范、精神品质和心理情感教育是基础性教育内容。思想观念教育是认知性教育，为中国特色社会主义理论教育、行为规范教育、精神品格教育与心理情感教育提供世界观等价值理念支撑和方法论基础。由于在特定条件下，其他形态教育可以转化为思想政治观念形态，而思想政治观念形态也可以与其他形态教育内容融合成为共同形态[258]，因而被看作是根本性教育内容。二是中国特色社会主义理论教育同一内容形态的层次性。中国特色社会主义理论认同教育同一形态的教育内容也有层次性，是高低不同、深浅不一的有机体。第一，思想政治观念教育以社会主义核心价值观教育为核心，为大学生提供认识世界、改造世界的思想武器和思想方法。在思想政治观念教育中，世界观、共产主义理想、社会主义核心价值观处于最高层次，制约和影响其他观念、行为的形成与发展。爱国主义、集体主义和社会主义、政治观等思想、价值观念和中国特色社会主义共同理想处于中间层次，而人生观处于最低层次。第二，中国特色社会主义理论体系将马克思主义基本原理与中国具体实际相结合，与中华优秀传统文化相结合实现了马克思主义中国化时代化新的飞跃，是中国特色社会主义理论认同教育内容体系的主导性要素。在中国特色社会主义理论认同教育同一内容形态中，中国特色社会主义理论体系处于中层结构，而马克思主义理论处于高层结构。第三，行为规范教育包括道德教育、纪律教育和法治教育，其中道德教育要求层次最高，其次是纪律教育，法治教育要求层次最低。在道德教育中，传统美德、社会公德教育处于最低层次，旨在教育引导全体公民共同遵守最基础行为准则；然后是社会主义道德教育处于中间层次，旨在教育引导全体公民培养以为人民服务为核心，以集体主义为原则，以"五爱"为基本要求的道德准则；共产主义道德处于最高层次。第四，精神品质教育处于基础层次，精神品质教育要培养以爱国主义为核心的民族精神和以改革创新为核心的时代精神，为坚定走中国特色社会主义道路凝聚精神力量。第五，心理情感教育也处于基础层次，心理教育包括心理健康教育和心理素质教育，前者处于较低层次，后者处于较高层次，心理健康教育是心理素质教育的基础，心理素质教育是心理健康教育的归宿。情感教育是将认知引向认同的基础，通过增强中国特色社会主义理论认同教育内容的深度、温度，增强大学生情感体验，实现理论认同向行为转化[259]。

（三）中国特色社会主义理论认同教育内容的稳定性

根据国家的教育方针、高职院校的教育目标和高职院校大学生自身特点，中国特色社会主义理论认同教育内容系统结构呈现出相对静止的特性，表现在教育内容基本要素的稳定性和内容基本观点的稳定性。一是教育内容基本要素的稳定性。中国特色社会主义理论认同教育的内容从形态上可以分为思想政治观念教育、中国特色社会主义理论教育、行为规范教育、精神品质教育和心理情感教育五种；也可以划分为政治教育、思想教育、道德教育、法纪教育、心理教育等等；从构成上可以分为中国特色社会主义理论教育根本性内容、主导性内容和基础性内容等等。尽管中国特色社会主义理论认同教育内容系统的结构划分是相对的，划分标准不同产生的结果不同，然而划分出的教育内容基本要素是相对稳定的，正是教育内容的相对稳定性和连贯性确保教育的可信度[260]。二是教育内容基本理论、观点的稳定性。第一，中国特色社会主义理论体系具有稳定性。马克思主义理论及其中国化时代化理论成果是科学的理论，符合科学规律的理论，中国特色社会主义理论认同教育的本体性知识、条件性知识以及实践性知识在理论研究与实践中会不断创新与发展，但是其基本立场、理论内容、观点和方法是稳定的，政治方向不变。第二，基本道德规范、弘扬的爱国主义等精神品质和情感的稳定性。社会总是发展变化的，但是世界观、人生观、价值观、理想信念等价值观念是共同的，倡导的社会公德、职业道德、家庭美德、个人品德等道德规范是一贯的，对中国共产党、祖国、中华民族、中华文化、中国特色社会主义的信心、信念以及热爱、依恋和认同的情感是一如既往的。

（四）中国特色社会主义理论认同教育内容的动态性

在不同的时期、不同的地点，中国特色社会主义理论认同教育内容会有所变动。不同时期，党和国家的方针、政策，理论与实践的主题和重心以及高职院校的教育目标会有所变化，中国特色社会主义理论认同教育内容也会随之进行更新和调整，或增添新内容，或赋予原有内容新含义和解释，或对过时的内容进行替代。例如：党的十九届五中全会将"四个全面"战略布局的"全面建成小康社会"调整为"全面建设社会主义现代化国家"。党的十九届六中全会对习近平新时代中国特色社会主义思想主要内容的"八个明确"，调整补充为"十个明确""十三个方面成就"，党的二十大又增加了"六个必须坚持"等。

三、新时代高职院校大学生中国特色社会主义理论认同教育内容配置

按教育内容的形态将高职院校大学生中国特色社会主义理论认同教育内容归纳为五种形态，各种形态教育内容数量、重要程度以及在整个教育内容体系中所占比重各不相同，对特定教育内容数量、比重进行分配和调整，可以提升和优化教育功能和整体教育效应。

（一）调配好不同教育内容的数量

中国特色社会主义理论认同教育内容的数量根据具体教学目标、学生特点、教学场所和教学形式来确定。在高职院校思想政治理论课教学中，开展思想政治观念教育、行为规范教育和心理情感教育的《思想道德与法治》课程的教学学时一般为54，开展哲学思辨、马克思主义立场、方法教育的《马克思主义基本原理》课程的教学学时一般为36，开展中国特色社会主义理论教育、精神品质教育和心理情感教育的《毛泽东思想和中国特色社会主义理论体系概论》课程的教学学时2022学年秋季以后调整为36，新开设的《习近平新时代中国特色社会主义思想概论》课程课时为54，《形势与政策》课程为每学期不少于8课时，有的边疆地区还开设铸牢中华民族共同体意识相关课程。针对不同专业

学生特点，教师在课程理论教学与实践教学内容数量上可以灵活配置。在班会、主题团日等日常思想政治教育活动中，班主任、辅导员和党团干部可以开展法纪教育、道德教育、理想信念、爱国主义和核心价值观等教育，通过学习先进模范人物事迹倡导劳模精神、工匠精神等优良精神品质，培养正确的道德情感、政治情感。

（二）调配好不同教育内容的比重

中国特色社会主义理论认同教育内容是分层次的，高一级层次包含低一次层次的内容，低层次的教育内容也可以演化成高层次的教育内容。因而，需要根据教育内容的层次性设置教学内容。一是把握好教育内容先后顺序。高职院校根据大学生认识规律开设思想政治理论课，先开展道德教育、法治纪律教育、理想信念教育、"三观教育"、社会主义核心价值观教育等基础性教育和根本性教育。开展马克思主义基本理论、方法等主导性教育，在此基础上开展中国特色社会主义理论体系等主导性教育，实现各学段教育内容纵向衔接，逐层递进，横向整合一致。二是把握好教育内容的主次关系。在中国特色社会主义理论认同教育中，要做到主次分明，重点难点内容突破。在《毛泽东思想和中国特色社会主义理论体系概论》教材中，第一至四章是毛泽东思想相关内容，第六、七和八章是邓小平理论、"三个代表"重要思想和科学发展观相关内容。习近平新时代中国特色社会主义思想相关内容在《习近平新时代中国特色社会主义思想概论》课程中讲授。可见，习近平新时代中国特色社会主义思想作为马克思主义中国化时代化新飞跃的理论成果，是中国特色社会主义理论认同教育的重点、核心，决定中国特色社会主义理论认同教育的方向和根本性质，而其他构成要素是第二位的，也是必不可少的，不能用重点内容代替其他教育内容[261]。

（三）调配好不同教育内容的组合方式

中国特色社会主义理论认同教育内容丰富、分散，不同课程、不同学段教育内容存在重复的现象。为了优化教育功能，需要对教育内容进行优化组合。一是按照贴近实际、贴近生活、贴近学生的原则优化教育内容。高职院校大学生面临社会环境日益复杂，就业压力大，对自身竞争力缺乏信心，有的学生家庭贫困等问题，开展中国特色社会主义理论认同教育需要与大学生实际相结合，突出诚信教育、心理健康教育、就业教育、网络道德教育等内容，并把为学生办实事、办好事，解决学生思想困惑与生活困难融入中国特色社会主义理论认同教育[262]，让大学生在健康成长中增强对中国特色社会主义认同。二是调配好不同教育内容与教育方法的组合方式。在对高职院校大学生开展中国特色社会主义理论认同教育的过程中，不能仅仅开展观念、知识的灌输，还需要与中华优秀传统文化、专业知识结合起来，增强大学生的人文素养和科学精神；不仅要灌输思想观念和理论知识，还要在案例教学、实践教学、探究式教学、体验式教学中深化对中国特色社会主义理论的认知和情感认同、价值认同。三是根据教育目标选择教育内容。高职院校大学生心理精神需求是多层次、多样的，教育内容的选择要以先进性与广泛性相结合为原则，普通大学生将道德教育、法纪教育放在显性位置，共青团员将思想政治观念教育放在突出位置，骨干分子和党员将政治理论和观念内容放在显性位置。对于普通大学生更多采取隐性教育方式，通过丰富多彩的教育载体提高教育效果；而骨干分子和党员可以更多使用显性教育方式，提升思政教育质量。

第八章　高职院校大学生中国特色社会主义理论认同教育方法体系创新

高职院校开展中国特色社会主义理论认同教育的主渠道是思想政治理论课，而要提高思想政治理论课实效性需要坚持教师教学的主导性与大学生学习主体性相统一，并以大学生学习主体性为归宿，以激发大学生中国特色社会主义理论学习自主性、能动性和创造性为目标[263]。

一、实施探究式教学提升认知水平

（一）探究式教学的内涵、分类以及与传统教学的区别

1. 探究式教学的内涵

探究式教学作为一种教学方法，最早由美国芝加哥大学教授施布瓦于 20 世纪 50 年代提出，其理论基础是建构主义学习理论。探究式教学也称作研究性教学，在教学过程中教师不直接讲授教学内容或给出问题答案，而是以现行教材为基础，创设问题或活动情境，为学生提供方法或材料，引导学生通过自主学习或小组、集体讨论来建构学科知识体系，并将所学知识和生活经验应用于解决实际问题和完成探究任务的教学方法[264]。

2. 探究式教学的分类

按照学生在探究过程中自主性、创造性的发挥程度，探究式教学可以分为四个水平级别：一是最低水平的探究——强化型探究，学生根据教师提前设定的任务、问题或活动，按照既定程序完成已知知识体系的构建。二是较低水平的探究——结构型探究。学生根据教师提供的需

要调查研究的问题，使用教师提供的方法和材料，主动分析问题，解决问题。三是较高水平的探究——指导型探究。学生需要根据教师提供需要解决的问题，制定解决问题的方法、程序，分析收集到的数据和信息，得到问题的答案。四是最高水平的探究——自由性探究，学生独立完成全部探究任务，包括：发现问题，分析问题和解决问题[265]。

3. 探究式教学与传统教学的区别

探究式教学与传统教学显著的区别首先在于师生之间的地位不同，探究式教学是以学生为中心的教学，学生处于主体地位，教师组织、指导和监控探究活动，为学生的自主学习提供帮助。而传统教学教师居于中心地位，教师向学生传播、讲授知识，学生被动接受知识。其次，教学的侧重点不同，高职院校传统教学重点讲授理论知识和培养实际操作技能，重点在于让学生掌握"是什么""怎么做"。而探究式教学的侧重点在于培养学生分析问题、解决问题的能力以及信息加工和处理能力，要让学生掌握"为什么""如何知道"。第三，教学评价不同。传统教学是要教给学生"标准答案"，评价以"标准答案"为依据，要求准确。而探究式教学评价注重学生学习过程的积极性、主动性和创造性，以学生表现作为评价依据。最后教学计划存在差异，传统教学围绕教学计划和教学进度展开，教学内容提前在教案中做了详尽设计与安排。而探究式教学围绕探究性问题制定教学计划，教学过程就是解决问题的过程[266]。

（二）探究式教学法在思政课中的运用

探究式教学法能够激发大学生学习的积极性、主动性，增强大学生思想政治理论课学习的获得感，提高"抬头率"。因而，近年来越来越多的思政课教师开始尝试将其运用于思想政治理论课教学。

高职院校思想政治理论课探究式教学一般包括以下六个过程：第一，教师创设问题情境，提出问题。第二，教师提供材料或问题假设，指出探究方向或方法。第三，组织学生搜集信息、开展数据分析，独立思考获得初步结论。第四，开展小组合作学习，讨论交流探究问题，加深对中国特色社会主义理论体系及内在知识结构认知。教师提供必要帮助，促进学生的自主探究。第五，学生代表发言，交流探究结果，教师、学生共同进行总结与评价。第六，学生在理解掌握中国特色社会主义理论体系基础上，指导日常行为，增强中国特色社会主义理论认同，提升个体思想道德素质，实现理论的巩固升华。

二、注重情感体验增强情感认同

（一）体验式教学的内涵、分类以及与传统教学的区别

1. 体验式教学的内涵

体验式教学是一种教学理念，提倡尊重学生的独立性、自主性和生成性，强调生命体验、发展能力、"做中学"和产生情感。体验式教学也是一种教学方法或教学模式，是教师根据教学内容、教学目标和学生认知特点，创设教学情境或教学活动，学生通过观察感知、心理体会、亲身参与、理解、内化原有教学内容并构建新的知识体系，在亲身经历或体会过程中产生情感，生成意义，在反思和体验中发展能力的教学方法或模式。

2. 高职院校思政课体验式教学类型

针对高职院校大学生特点，思政课体验式教学可以采用如下几种类型：

一是经典阅读中体验。通过给学生布置经典阅读书目，将抽象的教材内容与鲜活、生动和厚重的经典著作联系起来，让学生与马克思、毛泽东、邓小平等伟人进行跨越时空的对话，对中国革命、社会主义建设和改革开放道路的艰辛探索进行深入感知，了解中国特色社会主义理论体系形成脉络和主要内容，帮助学生理解教学内容。

二是沉浸式体验。利用 VR 教学，让学生在教室就能看见革命根据地等红色资源、现代化工业、人工智能、祖国大好河山等直观画面，

为学生提供身临其境的沉浸式体验，激发学生学习兴趣，维持学习注意力和持久性[267]。

三是情境体验。以现实生活中的真人真事、讨论的问题、多媒体播放音视频、角色扮演、模拟等活动形式来创设情境，将学生带入由实物、图像、场景、音频和视频等多种表现形式的教学情境中，增强学生对真实或虚拟人物、事件和场景的直观感性认知，提高学习兴趣[268]。

四是互动交流体验。在教学过程中围绕需要解决的问题开展合作交流、课堂讨论和辩论，促进师生、生生在课堂教学中进行互动交流，分享成果，在思想碰撞和交锋中产生心理共鸣、思维共振、情感共融，获得强烈的情感体验，促进已学知识显现、再现和重构以及新知识的构建，同时提高学生分析问题、解决问题的能力、组织能力和表达能力。

五是户外拓展体验。户外拓展运动是近年来国内外比较流行的户外运动，通过完成一些较高难度的攀爬、跳跃、高空动作任务，挖掘体验者的潜能，考验体验者的意志、品质，同时培养团队合作精神。户外拓展运动有经验分享环节，通过体验者互动交流分享，总结拓展心得，生成对生命独特性、整体性、自主性特点及意义的认识。

六是榜样示范体验。邀请本校优秀毕业生、老红军、战斗英雄、劳动模范、见义勇为模范、民族团结模范、创新创业者、人大代表和政协委员等来校与大学生面对面交流，介绍他们的事迹。也可以通过观看"感动中国"等先进典型事迹，让大学生感受榜样的力量，得到精神的感染与洗礼。

七是社会实践体验。组织大学生走进革命教育基地感悟红色文化，深入工厂车间了解我国现代制造业的发展现状，走进田间地头了解我国新农村建设情况，走进部队军营了解军队建设现状，走进社区小院了解社会建设情况。让学生通过社会实践认识国情区情、开阔眼界、增长见识，为学生在真实环境下讲授与生产、生活紧密相关的思想政治知识和实践要求。

3. 体验式教学与传统教学的区别

体验式教学和传统教学的区别体现在以下几个方面：一是师生之间的地位不同，体验式教学以学生为中心，强调学生通过自主观察，亲身参与，获得知识，培养技能，产生情感和态度，最后指导实践。而传统教学以教师为中心，由教师掌控教学的内容、方法、进度和实施。二是师生之间的关系不同。传统教学师生之间是授一受关系，教师向学生单向灌输和传授知识，学生被动接受知识。而体验式教学中师生之间形成了我一你关系，通过平等交往和对话，不仅共享知识、技能，还对教学内容或活动产生共情，相互尊重、理解，促进了彼此接纳、肯定和包容等积极情感和态度的生成，实现教学相长。三是教学侧重点不同，传统教学侧重于"学中做"，重知识、技能的传授，体验式教学侧重于"做中学"，重情感、态度的生成。四是教学方法不同，前者更多使用讲授法进行课本知识灌输，后者将创设情境或教学活动作为教学的内容，通过生生互动、师生互动教学，体验、感受"活动"的价值和意义。五是教学过程不同，前者教学过程比较复杂，包括创设情境或活动—参与体验—交流分享—反馈评价—运用提升，是一个包括双向互动，螺旋上升的教学过程，更能调动大学生自主性和创造性，后者比较简单，主要有预习—讲授—练习—复习等环节，是一个单向被动接受的过程。

（二）体验式教学在思政课中的运用

体验式教学在增强高职院校大学生中国特色社会主义理论认同上具有独特优势。高职院校思政课体验式教学主要具有如下步骤：第一，分析教材和学生情况，确定教学目标。第二，创设情境，并在学生当中就情境的合理性进行检验。第三，将学生引入创设的情境，激发学生的学习热情。第四，师生之间、生生之间互动交流，建构知识，生成意义。第五，学生或师生共同对问题或活动进行归纳总结，将教学内容系统化，并且对体验活动进行自我评价、小组评价以及教师评价。第六，对体验活动进行反思，开展知识迁移、方法迁移到实践迁移，使理论知识内化于心，外化于行，培养大学生分析问题、解决问题的能力[269]。

三、推行参与式教学提高学生教学参与度

（一）参与式教学的内涵、分类以及与传统教学的区别

1. 参与式教学的内涵

参与式教学既是一种教学理念，也是一种教学方法或方式。参与式教学指教师、教学管理者以学生为主体，以教学活动为载体，共同营造民主、平等、和谐、宽容的教学氛围，引导学生积极参与教学活动及其教学的各个环节，激励学生主动建构知识，掌握技能，发展能力，体验情感的教学方法[270]。探究式教学与体验式教学属于参与式教学的范畴，但是参与式教学不仅限于体验式教学和探究式教学。

2. 思政课参与式教学的分类

思政课参与式教学形式多样，主要有以下几种类型：

一是探究型参与式教学法。见上文。

二是体验型参与式教学法。见上文。

三是合作型参与式教学法。教师设计需要学生开展个体合作或群体合作的任务，如：设计问题、成果展示、角色扮演、辩论、模拟、游戏、访谈、打分等，教师通过学习后的反馈和教学评价，引导学生分工合作，在活动中激发灵感，思想碰撞，发展能力。

四是案例参与式教学法。教师展示案例，引导学生阅读分析案例，通过讨论交流，形成不同观点的对比和碰撞，教师进行引导、总结评价，启发学生思路。

五是总结评价参与式教学法。在教学活动完成时，组织学生对活动效果、展示成果进行观察、打分、排序、点评，在评价过程中取长补短，相互学习借鉴，共同进步。

六是演练型参与式教学法。教师布置头脑风暴、填表、练习、画

思维导图、复述、写小论文等形式，引导学生构建知识体系[271]。

3. 参与式教学与传统教学的区别

参与式教学和传统教学的区别体现在以下几个方面：一是师生之间的地位不同，参与式教学以学生主体发展为中心，强调学生通过亲身参与教学活动等教学过程，促进学生自身的发展，构建知识体系，培养技能，生成情感，学生是自主学习的行动者。而传统教学以教师为中心，由教师掌控教学过程，学生学习好教学计划预设知识，是教师的追随者。二是教学侧重点不同，传统教学侧重于讲解书本内容和要求掌握的技能，要求学生能够识记概念、原理、公式，能够根据教学内容回答问题。参与式教学侧重于培养学生探究问题，学会利用身边的知识和信息等资源解决问题的能力。三是教学过程不同。传统教学严格按照教学计划实施教学，避免计划以外的问题和活动干扰致使教学进度的滞后，讲求计划性。参与式教学教师以完成教学活动为目标，将教学过程以外问题当成教学资源，与学生共同寻求解决问题的方案，学生可以独立、自主地参与到具体教学活动设计、实施过程。四是教学评价不同。传统教学将学生考试成绩作为学习效果评价的主要依据。而参与式教学采取多元化评价，将学生教学参与度作为重要的评价依据之一。五是教学中的人际关系。传统教学提倡竞争，生生之间是竞争关系，师生之间是教师自上而下向学生进行知识灌输。参与式教学师生、生生之间是民主、平等、和谐、宽容的关系，通过互动教学，实现教学相长。

（二）参与式教学在思政课中的运用

高职院校思想政治理论课参与式教学主要具有如下步骤：第一，制定多元化教学目标，凸显思政课课程性质和学生学习特点。第二，设计多样的教学活动，展示活动，激发学生参与兴趣。第三，引导学生参与讨论、辩论、PPT展示等教学活动。第四，引导学生交流、分享、展示成果和效果，教师进行指导和帮助。第五，学生自评、小组互评、教师评价相结合，进行总结、反馈和提升。

四、混合式教学提高教学实效性

2016 年 12 月，全国高校思想政治工作会议在北京召开，习近平总书记在会议上指出："做好高校思想政治工作要遵循学生成长规律，要因事而化、因时而进、因势而新。"当前，新媒体、新技术迅猛发展，我们面对的年轻学生已经熟练掌握并且喜欢使用基于移动端、PC 电脑端的信息技术获取资讯和知识，高职院校思政课需要顺应这个趋势，通过运用新媒体、新技术改进思想政治理论课教育教学，以增强时代感和吸引力。

（一）混合式教育的内涵

混合式教学是教师在借助 E-learning 进行网络化"线上"教学的同时，在教室等实体场所与学生进行面对面"线下"教学的新型学习形式或策略。混合式教学主要包括以下几个方面的混合：一是线上与线下的混合。即：线上虚拟教学环境与线下实体教学环境的混合，基于互联网、新兴技术的网络化教学方式与传统教学方式的混合。二是教学理论的混合，即：注重知识的传播与转换的行为主义与认知主义等教学理论、与注重学生学习的建构主义等教学理论的混合。三是教学资源的混合，即：教材、黑板等传统教学资源及其呈现方式与云教材、微课等碎片化学习资源及其在线呈现方式的混合[272]。混合式教学是教学资源、教学环境、教学理论、教学方式和教学风格等要素动态关联的耦合系统，是在线学习在课堂传统学习的延伸和扩展。因此，广义讲，混合式教学是指综合运用不同的学习理论、不同的技术和手段以及不同的应用方式教学的一种策略。狭义讲，混合式教学就是将在线教学和传统教学的优势结合起来的一种"线上 + 线下"的教学方式。

（二）高职院校思政课运用混合式教学现状

为了将传统教学与信息技术的优势融合起来，课题组共调查 8 所高职高专学校的 1744 名学生。其中：乌鲁木齐职业大学 919 人，新疆职业大学 191 人、新疆交通职业技术学院 150 人、新疆教育学院 177 人、阿克苏职业技术学院 175 人、新疆轻工职业技术学院 30 人、克拉玛依职业技术学院 33 人、昌吉农业职业技术学院 54 人、其他高校 15 人。与此同时，还对来自新疆 10 余所高职院校的教师进行访谈，共调查教师 69 人，其中：乌鲁木齐职业大学 14 人，新疆职业大学 1 人，新疆交通职业技术学院 1 人，新疆教育学院 1 人，阿克苏职业技术学院 8 人，克拉玛依职业技术学院 33 人，巴州职业技术学院 1 人，昌吉农业职业技术学院 3 人，和田维吾尔医专 2 人，其他高校 5 人。经过研究发现：

1. 混合式教学法在高职院校思政课中的使用频率不高

被调查高职院校采用混合式教学的思政教师仍然有限，调查结果显示：比较频繁使用混合式教学的老师占被调查者的 40.58%、49.28% 的被调查者偶尔使用，10.14% 的被调查者从来不使用。与此相对应，被调查高职学生主动运用混合式教学平台进行自主学习的频率也不高。

2. 混合式教学的功能在思政课中发挥得不充分

调查结果显示：大部分被调查教师仅仅使用了线上教学平台最基础的功能，例如：使用最多的三个功能分别是签到、教学资源库和在线考试，使用过这些功能的被调查教师的比率分别是：53.2%、44.93% 和 36.23%，而使用过线上教学平台具有优势的"活动"和后台数据等功能的被调查教师比率分别是 28.99%、13.04%。从学生学习角度看，不少学生仅仅是为了获得经验值才开展混合式学习，学习中使用最多就是签到、教学资源库等功能，而课堂讨论、在线测试、头脑风暴等主动学习行为较少。

3. 师生对混合式教学、学习效果评价不够积极

对于混合式教学是否有效促进了思想政治理论课程的教与学，7.57% 的被调查学生和 13.04% 的被调查教师认为没有什么效果，15.83% 的被调查学生和 21.74% 的被调查教师认为效果不大，52.41% 的被调查学生和 44.93% 的被调查教师认为基本有效，24.2% 的被调

查学生和 20.29% 的被调查教师认为很有效。由此可见，给予混合式教学、学习效果积极性评价的比重，被调查学生比教师高出 11.4 个百分点。相对于教师而言，被调查学生对"概论"课混合式学习效果的评价更加积极、乐观。

4. 师生对混合式教学、学习模式的接受程度有待提高

调查显示：被调查高职院校师生对混合式教学、学习的接受程度不大高。31.71% 的被调查学生和 39.13% 的被调查教师更喜欢线下面对面传统课堂学习、教学模式。3.76% 的被调查学生和 7.25% 的被调查教师更喜欢单纯的线上网络学习、教学模式。54.53% 的被调查学生和 53.62% 的被调查教师更喜欢线上线下混合式学习、教学模式。由此可见，高职院校师生对混合式教学的接受程度很相近，都在 54% 左右。但是，思政教师与学生相比更青睐面对面传统教学方式。

（三）混合式教学在思政课中的运用

1. 准确把握混合式教学的功能定位

混合式教学不仅是思政教师借助多种传输媒体开展的 E-learning，同时还是配合学生的学习时间和空间，为学生提供线上与线下两种学习资源、线上与线下两种学习环境，传统面授、E-learning 和自学三种学习方式，使学生的学习风格更加多元、自主、开放，在获取知识和技能时效果更佳。一方面，要进一步明确培养目标。突破以课堂、教材和教师为中心，理论灌输为主的传统思政教育教学方式，更加重视学生的成长规律，努力提高思政课针对性和实效性。另一方面，要准确定位混合式教学平台的功能。根据问卷调查结果以及混合式教学的实践经验，混合式教学平台更适宜于作为思政课教学的辅助工具，在课下使用，而非在课堂教学过程中使用的主要工具。

2. 因地制宜选好思政课混合式教学的平台

当前，高职院校思政课程"在线课堂"的建设有三条途径：一是通过建立思政课教学的专门网站，发布信息。在嵌套多样化的信息系

统后，可以共享视频、图文等资源，进行在线互动。二是思政课慕课平台的建设。清华大学、上海交通大学以及中国东西部高校课程共享联盟等高校及学校联盟已经建成成熟的慕课平台，慕课具有开放共享的优势。三是移动课堂建设[273]。基于移动端的思政课建设可以利用微信、微博的公众号，也可以利用智慧职教云课堂、云班课、雨课堂等平台，云教学和超星平台的签到、课堂作业批改功能可以节约教师的大量时间，学生的学习报告可以对每一个学生课堂表现、资源学习情况进行记录、分析，是学生学习评价最有力的依据。由于云平台都有软件公司专门做网站的技术维护，并且为教师和学生提供技术服务，学生使用更为方便，越来越多的教师在使用基于移动端的云教学平台。

3. 发挥团队合力共同建设网络教学资源

混合式教学的优势不仅在于资源共享，更在于通过"微课程""教学活动"和"在线问答"三个环节来实现"以学生为中心"的教与学的关系重构。要确保混合式教学的顺利开展，需要发挥教学团队的合力，分工合作共建专题准备讲义、教案、课程标准、PPT、视频、微课程、案例、讨论问题、测试题等课程资源，统一建设班课，上传资源，相互听课，共同开展混合式教学实践。

五、强化实践教学提高思政课教学的吸引力和亲和力

为进一步贯彻落实好习近平总书记关于办好思政课的指示，高职院校应不断深化"八个相统一"相关研究，做好学理阐释，梳理其内在的逻辑关系，加强思政课实践教学，将"坚持理论性与实践性相统一"的要求进一步落实、落细、落到位。

（一）思政课实践教学的内涵、要素

1. 思政课实践教学的内涵

2018 年，教育部印发《新时代高校思想政治理论课教学工作基本

要求》，将实践教学定义为："以理论知识为依据，以强调创新性和实践性的主体活动为形式，以激励学生主动参与和主动思考为特征，通过引导学生有目的参加课内与课外、校内与校外的各种实践活动，对社会现实生活广泛参与和体验，使其主观世界得到感性的再教育和主体能力得到优化的过程和方法。"[274]

从这个定义中我们可以得到如下要点：

一是关于实践教学的形式。学者关于实践教学的形式仍然存在一些模糊认识，有的认为实践教学就是实践化的教学活动，或丰富学生人生体验，增加实践经验的教学活动；有的将学生的社会实践看作实践教学的唯一形式；有的认为课堂外的教学才是实践教学。从上述定义可以得知：实践教学的形式有课内实践教学环节，也包括课外的实践教学。课外的实践教学又分为校内实践和校外实践，校内实践可以是第二课堂，校外实践就是社会实践。

二是关于实践教学的内容。思政课的实践教学活动需要与思政课理论教学有关联，通过运用具体、生动鲜活的实际帮助学生对抽象的理论重难点内容有更加深刻地理解和认同，而那些与思政课教学内容没有关联的专业实践和社会实践活动不能算是思政课实践教学。

三是关于实践教学的组织。思政课的实践教学需要由思政课教师来组织，发挥主导性作用。那些学生自发的，没有思政课教师组织的实践活动不能称作思政课实践教学。

2. 思政课实践教学的要素

根据思政课实践教学的定义，可以总结出思政课实践教学的要素主要包括以下几个方面：一是教师作为教育者，学生作为受教育者是思政课实践教学的基础要素，没有教育者组织和引导的实践活动不是思政课实践教学。不以学生为主体，未能发挥学生能动性、创新性和实践性的教学活动达不到实践教学的预期效果。二是教学内容，实践教学内容要与思政课理论教学相辅相成，以理论知识为依据。三是教学方法以实践活动为形式。不少学校将实践课从理论教学中分离出来，有具体学时要求，有实践教学计划、实践教学方案，从而与发挥学生主体性教学方法开展的教学活动区分开来。四是实践性教学载体。实践性教学载体仍然是教学活动，如：参观、社会调研、校园文化活动、志愿者服务等等，但是与假期社会实践不同的是活动由思政教师组织，并且有明确的思政课教学目标。五是教学环境。思政课实践教学需要具备思政课实践教学基地，如：博物馆、展览馆、纪念馆、工厂、革命遗址等等场所，实践教学基地需要为学生提供安全的实践环境和有工作经验的指导人员或者讲解人员，提供实践活动相应的资料，以便师生共同学习交流。六是实践教学需要有总结、反思环节，通过活动后的交流分享、反思、总结、归纳，提升对理论知识的深度思考和理解，增进情感认同，并对行为产生影响以实现行为认同。

（二）思政课实践教学的形式和结构

　　1. 思政课实践教学的形式

　　一是课堂实践教学。就某一主题在思政课课内开展实践课教学，一方面，可以是独立的实践课，即：围绕某一思政课理论教学内容设计实践主题，整堂实践课不开展理论教学，仅开展实践教学活动，强调全体师生共同参与其中。另一方面，也可以是课内的实践教学环节，即：在开展理论教学的过程中，设计出实践教学活动，引导学生在参与教学活动过程中深化理论重点、难点的理解和情感体验。课堂实践教学的具体表现形式有经典阅读、案例讨论、主题演讲、辩论、情景模拟、角色扮演等等，也可以挖掘、整理和利用当地红色文化资源，讲红色故事，唱红歌，研究红色历史问题等。

　　二是校内实践教学。教学发生在课堂以外，校园以内，是思政教师运用学校的校史馆、德育馆、美育馆、体育馆、科技馆和电影院等校内教育基地，在学校范围内开展的理论宣讲、红歌会、思政课调研、话剧、征文比赛、读书会等实践活动。校内实践教学的教学目标需要与思政课堂教学目标相辅相成，相一致，专业教学竞赛、勤工俭学等与思政课教学联系不大的实践活动不属于校内实践教学，但是校内实践教学可以和学生社团第二课堂共同合作，相互促进[275]。

三是社会实践。利用校外的博物馆、展览馆、烈士陵园、名人纪念馆、名人故居、红色教育基地、工厂、新农村、部队等校外教育教学基地，开展社会调查、理论宣讲、志愿者帮扶等实践活动，不断加深大学生对思政理论教学所指向的经济、政治、文化、社会和生态建设等现实素材的理解，感受思政课教学内容的真实性和鲜活性。

四是网络实践。借助思政课官网、微信公众号、微博、网上在线精品课程、超星学习通、云班课、云课堂、雨课堂等 APP，对学生开展网络教学，发布网络视频、文本、案例、拓展资料、网络测试、网络讨论、网络练习等资源，与学生开展网络互动，实现"线上 + 线下"的互动教学[276]。

2. 思政课实践教学的结构

思政课实践教学结构是分层次的，核心部分是思政课程的知识和思想价值传授；中间部分是教学内容、教学形式；表层结构是社会接触、社会实践；而教学目标、教学问题、教学情境、教学素材等构成实践教学的辅助层结构[277]。

（三）实践教学在思政课中的运用

理论教学和实践教学是思政课理论性和实践性的实现形式，两者既有区别，又相辅相成，都是思政课的组成部分，持续推进思政课实践教学改革，有助于提升思政课的亲和力与针对性。

1. 加强思政课实践教学的顶层设计

高职院校思政课实践教学需要从以下三个方面做好顶层设计：一是加强思政课统筹规划，根据课程开设的不同学段、课程特点、学生专业和就业方向，制定具有特色和创新性的实践教学目标、实践大纲和实践方案。二是为不同专业学生量身打造实践教学活动。将学生的专业优势与思政课实践教学融合起来，充分调动学生参与实践的主动性和创造性[278]。三是思政课实践教学与专业实习对接、融合。思政课实践教学基地可以与专业实习实训基地整合，思政教师通过参与学生实习实训管理，与专业教师、企业导师共建职业素质标准，并结合学生专业理论和实践要求设计思政课实践教学内容，培养学生职业素养[279]。

2. 构建思政课"双元"育人模式

为了加强对思政课实践教学的管理，有效开展协同育人，高职院校应创新思政课实践教学管理体制机制，构建大思政教育格局。一是建立校级思政工作联席会议制度，从学校层面统筹规划、宏观管理思政课实践教学工作，综合协调学校党政办、宣传部、团委、学工部、马克思主义学院和各院系，落实"三全育人"措施。二是构建高职院校思政课实践教学校企"双元"育人模式。高职院校要充分利用《国家职业教育改革实施方案》赋予"金融＋财政＋土地＋信用"的组合式优惠政策，引导企业共同参与高职院校职业标准和人才培养方案的制定，共建实训基地，共同开展实践教学设计，实现校企协同育人。

3. 创新思政课实践教学方法

《思想道德与法治》课程在大一第一学期开设，开展理想、信念与中国梦主题演讲，参观爱国主义教育基地，模拟法庭，道德小品表演等情景体验式实践教学活动，有助于引导学生精准体验社会主义核心价值观、中国特色社会主义成就。《马克思主义基本原理》课程在大一第二学期开设，通过为学生布置探究性问题，让学生学习使用马克思主义立场、观点和方法发现问题、分析问题和解决问题，从而增强学生方法体验。《毛泽东思想和中国特色社会主义理论体系概论》课程在大二第一学期开设，《习近平新时代中国特色社会主义思想概论》课程在大二第二学期开设，可以组织学生参观城市规划展览、科技展览等来增强学生知识体验，尝试使用、操作新技术、新工艺和新设备增强技能体验，参观现代制造业生产线增强学生过程体验，聆听老红军、劳动模范、民族团结模范讲故事增强学生情感体验[280]。

4. 创新高职院校思政课实践教学考核评价模式

思政课实践教学评价可以采取"多元主体评价＋过程性评价"相结合的方式开展。一是评价主体多元化。依照思政课实践教学的特点，评价主体尽可能多元化，通过采取学生自评、小组互评、包括班主任、辅导员、专业教师、企业导师和思政教师在内的教师共同对学生开展评价，体现考核的开放性。二是过程性评价是关键。思政课实践教学要达到激励学生主动参与教学过程、主动思考的目的，需要对学生参与教学的过程进行评估和监督。多元化评价主体不仅评价学生理论联系实际的能力、语言表达能力、动手能力、团队合作能力以及创新能力，而且需要观察和评价学生在日常学习和生活中的品行和习惯，通过对学生的表现、认知和行为进行综合评价，促进学生主动学习，知行合一。

总之，习近平总书记在学校思想政治理论课教师座谈会上的讲话为办好思政课提供了重要的遵循。思政课实践教学改革应根据学生的专业特点、个体需求，从实践教学内容、教学方法、教师队伍建设、考核评价模式创新以及实践教学体制机制建设入手，构建科学完备的贴近生活、贴近现实、贴近学生的实践教学体系，推进思政课实践性与理论性的有机统一，从而进一步提升大学生学习思政课的获得感，增强思政课教学实效。

第九章　高职院校大学生中国特色社会主义
理论认同教育途径载体优选

途径和载体是中国特色社会主义理论认同教育系统的要素，都属于认同教育介体，承载、传输、连接认同教育的内容和目标，两者既有共同性，又有差异性。准确把握"理论认同教育"途径和载体的概念及其相互关系，将两者统一到大学生理论认同教育过程中，优选恰当的途径和载体，实现各种途径和载体在理论认同教育上的融合发展，对提高高职院校大学生理论认同教育实效具有重要意义。

一、"理论认同教育"途径概念及类型

"理论认同教育"是思想政治教育的组成部分，是以中国特色社会主义理论体系和习近平新时代中国特色社会主义思想为内容的思想政治教育。

（一）"理论认同教育"途径的概念

《现代汉语词典》（第6版）将"途径"解释为："路径，多用于比喻。"[281] 有的学者认为"理论认同教育"途径是为完成理论认同教育任务，实施理论认同教育的基本道路或基本方式[282]。有的学者认为是开展理论认同教育借助的渠道和路径的总称[283]。有的学者认为是为实现理论认同教育目的通过某种渠道或路径所展开的教育实践活动[284]。关于理论认同教育的具体途径，有的学者根据人脑获得思想观念的方式区分为理论教育、实践教育、传播教育和自我教育等方面。综合理论认

同教育途径的理论和实践研究与运用，本研究将"理论认同教育"途径看作实现增强大学生中国特色社会主义理论认同教育目标采用的渠道和路径。

（二）"理论认同教育"途径的基本类型

"理论认同教育"途径按照不同的划分标准，可以划分为不同的基本类型。

1.按照教育覆盖的范围，可以分为家庭教育途径、学校教育途径和社会教育途径，分别指受教育者在家庭、各级各类学校和社会所接受的各种教育活动。

2.按照教育活动的基本特征，可以分为显性教育途径和隐性教育途径。显性教育途径是指教育活动具有明确的教育目的、计划和内容，教育活动的组织实施方式、手段是外显的。隐性教育途径是指教育活动无明确教育目的、无明确外显特征，受教育者无意识地接受模糊、内含的教育信息，在不知不觉、潜移默化中受到教育。

3.按照实施教育的基本主体，可以分为外在教育途径和内在教育途径。内在教育途径指自我教育途径，教育主体是受教育者自己。外在教育途径是指他教途径，教育主体是党政团干部、各学科教师、班主任和辅导员等教育者。

4.按照实施教育的基本方式，可以分为课堂教学途径、社会实践活动途径、校园文化建设途径、网络思想政治教育途径、心理健康教育途径等。其中课堂教学途径指通过思政课教学和课程思政开展教育。社会实践活动途径包括参观考察、生产实习实训、志愿服务、勤工助学等。校园文化建设途径是通过加强校园物质环境、校训等校园精神和校园文化活动以及班集体、党团组织和学生社团组织建设及宿舍文化建设来开展思想政治教育。网络思想政治教育途径就是利用网络进行教育。心理健康教育途径就是通过心理健康知识普及和教育，努力提高大学生心理调适能力、社会适应能力，优化心理品质[285]。

二、"理论认同教育"载体概念及其类型

（一）"理论认同教育"载体的概念

《现代汉语词典》（第6版）将"载体"解释为"科学技术上指某些能传递能量或运载其他物质的物质。泛指能够承载其他事务的事务"[286]。载体的内涵是明确的，"理论认同教育"的载体就是在实施"理论认同教育"过程中，教育者为实现一定的教育目标，选择、运用承载一定的"理论认同教育"信息的物质实体或活动形式。

（二）"理论认同教育"载体的基本类型

认同教育载体的类型有语言文字载体、活动载体、文化载体、传媒载体、管理载体等[287]。

1. 语言文字载体

语言文字载体是"理论认同教育"最基本的载体，高职院校师生沟通交流的主要方式就是语言文字。无论是报刊、书籍、报告讲座、电影、电视等传统媒体还是微信、微博和客户端等新媒体，都需要通过语言和文字载体传播中国特色社会主义理论信息。在文字产生之前，教育者与受教育者通过语言口口相传信息。文字产生后，依托文字承载、传导信息的各种媒介应运而生。但是，无论媒体和技术如何发展，语言文字在信息传递中仍然具有基础地位。语言文字载体的形式不仅包括文字表达，还包括图形、表格、符号和数字等非文字表达。少年儿童对图形接受度高，青年大学生对文字、图表以及网络语言接受度高。语言文字载体的发展趋势是文字、图表、图画、符号和数字等载体的综合运用。

2. 活动载体

"理论认同教育"的活动载体是教育主体为实现提高大学生中国特色社会主义理论认同目的而设计组织的有计划有组织的活动及其过程。

具体的活动载体形式有文化活动、竞赛活动、社会活动、休闲活动等。文化活动是高校设计组织的思想政治、学术科技、文娱体育等校园文化活动，旨在陶冶大学生思想情操、丰富精神生活、提升道德境界，营造和谐健康的校园文化氛围[288]。竞赛活动是在高校教学、实习实训、生活、管理等领域进行的竞赛活动。社会活动是大学生为增进社会福利而从事的不收取报酬的社会公益活动，包括义务劳动、义务宣传、志愿服务和为灾区、需要帮助的人群募捐或捐赠、无偿献血和环境保护等。

3. 文化载体

"理论认同教育"的文化载体是教育主体充分利用各种文化产品并将"理论认同教育"内容融入各种文化艺术形式和文化建设，从而开展教育，以达到提高人们思想政治素质和道德品质的目的。按照内容划分，文化载体可以划分为物质文化载体、制度文化载体和精神文化载体。按照发生的作用的空间划分，可以划分为企业文化载体、校园文化载体、社区文化载体、军营文化载体和家庭文化载体等。高职院校校园文化载体包括物质文化载体（校园文化设施、工作生活场所、校园绿化及环境、学校历史遗迹、博物馆等实践教学基地）；制度文化载体（校纪校规、学校制度、学生行为准则、道德规范等）；精神文化载体（校歌、校园雕塑、绘画等艺术形式、校训、学风教风、价值观念、精神氛围等）[289]。

4. 传媒载体

"理论认同教育"的传媒载体是教育主体充分利用报纸、书刊、广播、电影、电视、网络等大众传播媒介承载、传递信息，开展理论认同教育，以提高大学生中国特色社会主义理论认同。报纸、书刊等文字媒介、印刷媒介，广播、电影、电视等电子媒介都属于传统媒体。新媒体是以数字技术、互联网络技术和移动通信技术形成的巨大网络体系为支撑的传播媒介，如：网络电视、网络电影、网络广播、网络图书、网络期刊以及手机电视、微信、微博、短视频和各种应用 APP 等。传媒载体具有信息量大、传播广、受众多、影响力大等特点，新媒体传播具有开放性、快捷性、无屏障性、交互性、虚拟性等特征，在思想政治教育中的影响力越来越大。

5. 管理载体

"理论认同教育"的管理载体是将"理论认同教育"的内容寓于学生管理活动和学生工作之中，通过运用一定的组织纪律、规章制度等管理手段来约束、规范大学生行为，提高大学生思想道德素质[290]。高职院校理论认同教育的管理载体有组织管理载体、制度管理载体和生活管理载体等。组织管理载体是充分利用高校党团组织、学生社团组织、网络组织开展理论认同教育，以党建、团建、社团建设促进思想政治教育。制度管理载体是通过高职院校校纪校规、规章规则、条例制度和道德规范等制定和实施，引导师生建立正确价值观念，监督制约师生行为，提高师生思想政治素质和道德品质。生活管理载体是从高校大学生班级管理、宿舍管理等生活的各个环节入手进行规范管理，在管理过程中配合、渗透思想政治教育，使大学生养成良好的思想品德和行为习惯[291]。

三、"理论认同教育"途径和载体的相互关系

（一）两者的相互联系

一是两者均为"理论认同教育"的中介。"理论认同教育"途径规定载体选择的方向，是具有原则性、全局性的中介，在"理论认同教育"过程中，"理论认同教育"途径确定后，需要选择相应的载体，选择的依据就是具体的"理论认同教育"途径，途径与载体的匹配程度决定了"理论认同教育"目标的实现程度。二是两者都是"理论认同教育"的形式因素。"理论认同教育"是由特定的教育内容和各种各样的形式因素构成的要素系统。"理论认同教育"的途径和载体，实质上都属于形式因素，两者都取决于"理论认同教育"的内容和性质，"理论认同教育"的内容是决定因素。三是两者都服务于"理论认同教育"目的。"理论认同

教育"的目的是帮助大学生掌握中国特色社会主义理论体系，提高认识和改造主客观世界的能力，坚定"四个自信"，增强"五个认同"，并转化为投身中国特色社会主义建设事业的强大精神动力。"理论认同教育"途径、载体的运行以实现教育目标为导向，两者协同配合才可能实现教育目的，并在"理论认同教育"过程中相互促进，实现创新发展。

（二）两者的区别

一方面，"理论认同教育"途径是教育主体为了实现教育目标实施"理论认同教育"过程的基本方式、基本道路，强调路径的通道性质。从广义角度看，"理论认同教育"途径是"理论认同教育"各种渠道和载体的总称[292]，"理论认同教育"途径包含载体，相比载体更具有综合性，而载体的具体性更强。另一方面，"理论认同教育"载体的基本功能就是承载、传递"理论认同教育"内容信息，"理论认同教育"主客体之间借助载体的物质实体或活动形式传递教育内容。"理论认同教育"途径无法承载教育内容，而是服务于教育内容，依照教育内容选择教育途径。

四、新时代"理论认同教育"途径和载体运用中存在的问题

随着网络和信息技术的迅猛发展，微博、微信、短视频、网络直播和微课等新媒体新技术快速崛起，并与"理论认同教育"融合，推动"理论认同教育"提质增效。然而，由于对新媒体新技术以及传统载体功能认识不到位，影响了对"理论认同教育"途径和载体的有效运用，导致途径、载体功能无法充分发挥。

（一）教育途径、载体针对性不强

有的教育者无视传统载体的优势以及新载体的不足，过于推崇、依赖新载体，而弃用传统载体；有的教育者囿于使用习惯，沿用自己熟悉的传统载体和教育途径，而不主动适应教育环境变化，探索运用新途

径和新载体。任何"理论认同教育"途径和载体都有自身的优势和不足，教育者不能脱离具体的教育目标、教育内容、教育对象和教育环境空谈何种教育途径和载体更好，否则会影响途径、载体的恰当选择，弱化"理论认同教育"实效。比如，日常思想政治教育是"理论认同教育"的主阵地，班主任、辅导员经常使用的教育载体是开会、谈话，两者都易于运用，谈话更适于对个体直接开展思想交流，开会更适于开展集体性宏观理论认同教育。但是，随着无屏障性、即时、快捷的短信、微信和 QQ 等新媒体出现，教育者更多使用新媒体代替谈心谈话和开会，减少了师生之间面对面交往交流，影响实际教育效果。

（二）多种教育途径、载体尚未形成整体合力

当前，"理论认同教育"的"途径系统""载体系统"尚未形成，各种途径、载体没有实现有机融合，缺乏相互配合，相互呼应。各种载体条块分割，未能构建起统一多媒体矩阵，导致途径、载体的整体性功能出现分化而无法充分发挥整体合力。比如，"理论认同教育"需要发挥学校教育、家庭教育和社会教育三方面的合力，家庭教育相对薄弱，父母等家庭成员更多开展道德品质、生活技能和行为习惯方面的培育与引导，较少开展中国特色社会主义理论认同教育。此外，由于部分高职院校运用的教学媒体和管理平台较多，大学生需要在不同平台和媒体间不断切换，需要留意不同平台发布的信息，反而耗费精力，增添大学生心理负担。与此同时，由于新媒体大多具有娱乐、交流和搜索等功能，大学生在游戏和网络聊天等方面用时较多，挤占了有效学习时间。有的大学生疏于独立思考，习惯于在网站搜索问题答案，抄袭作业，学习态度逐渐懈怠，消解了"理论认同教育"效果[293]。

（三）多种教育途径、载体的整合亟待深化

一是高职院校缺乏高站位整体设计。一些高职院校未重视"理论认同教育"途径、载体建设，未就"理论认同教育"内容、平台和管理

建设统一规划、统一部署，未能搭建统一的媒介平台与管理机制，出现党政工团等职能部门与二级学院以及教师、班主任和辅导员等教育主体各自为政，各行其是，协同育人成效不显著。二是多种途径、载体传播的内容具有同质化倾向。各种教育途径、载体与教学内容的契合度不高，尽管教育途径、载体多元丰富，但是传播内容趋同。三是对教育载体的监督、把控有待进一步强化。高职院校"理论认同教育"需要守正创新，但是新媒体的运用也存在一定的风险，有学生可能发表不当言论，实施网络暴力，违反网络道德，也有学生可能遭遇网络诈骗，但是相应的监督和引导仍比较薄弱。不少高职院校尚未建立互联网安全监测、预警系统平台，针对大学生的网络安全教育不够深入，新媒体仍然存在一定程度的负面影响[294]。

五、新时代"理论认同教育"途径和载体建设的对策

新媒体时代，传统媒体和新媒体加速融合发展，高职院校需要准确把握新媒体多渠道、立体化的传播特点，顺应大学生在"互联网+"背景下学习、生活和工作的新常态，探索"理论认同教育"途径和载体建设的新路径。

（一）树立创新、融合发展的理念

一是树立创新发展理念。当前，高职院校的大学生是"网络原住民"，是各类网络新媒体、新应用的目标用户。教育者要放弃对新媒体的偏见，主动学习、运用网络语言，对大学生时尚随性的思维方式宽容以待，及时了解学生偏好平台并第一时间入住，将大学生喜闻乐见的微博、QQ、微信、短视频、直播和微电影等新媒体运用于"理论认同教育"，创新传统思想政治教育模式，推动理论认同教育内容、平台、管理和服务等整体优化[295]。二是树立融合发展的理念。在组织管理方面进行共建，高职院校"理论认同教育"领导小组明确教育途径、载体建

设的主管部门，党委牵头协调各方，有关部门齐抓共管，打破各部门各自为战的局面，共同构建多维"理论认同教育"途径、载体集群。在平台建设方面进行共融共享，高职院校要加强传统载体与新载体优势互补，相互借力，实现技术融合、媒体融合和资源融合，教学、管理和服务平台建成后在各级各类学校推广和使用，推动资源共享，提高资源建设的经济效益和社会效益。

（二）整体规划设计"理论认同教育"途径

教育途径不同，中国特色社会主义理论认同教育效果会有所差异。要加强对"理论认同教育"途径的整体规划设计，发挥思想政治理论课主渠道作用，将思政课与课程思政结合起来，使不同课程在"理论认同教育"中同向同行；将校园文化、党团活动与新媒体结合起来，挖掘活动内涵，大力创建活动品牌，借助新媒体优势进行宣传，厚植校园学术、艺术氛围；将课堂教学与日常"理论认同教育"结合起来，在课堂教学中以问题为导向，解决大学生思想困惑和现实问题，在日常思想政治教育中加强理论指导，促进大学生思想升华；将理论教学与社会实践结合起来，增强大学生对中国特色社会主义优越性的感性认识；将传统途径与网络教育途径结合起来，扩大传统途径教育覆盖面，促进思想政治教育阵地效应最大化[296]。

（三）构建"理论认同教育"载体集群

新媒体时代"理论认同教育"要求综合运用各种载体，在深入分析各种载体功能及优劣势基础上，构建以课堂教学为中心，以活动载体、网络载体，尤其是新媒体为补充，与大众传媒载体、管理载体和文化载体等相互呼应、主次错落分布的多种载体集群。一是充分发挥传统载体的优势。课堂教学、开会、谈心、讲座等传统载体组织化程度高，信任度较高，而且过程可控、针对性强、活动效果直观，是不可或缺的教育载体。二是传统媒体的教育效果有所弱化。大众传媒中报纸、广播、电视虽然威望高，但是受新媒体影响受众人数有所下降，而且受众容易产生抗拒情绪，不利于中国特色社会主义理论普及与宣传直抵人心。三是进一步强化新媒体的教育作用。新技术支持下出现的数字杂志、数字报纸、数字广播、移动电视、手机短信、微信、微博、抖音等短视频、直播等新媒体异军突起，新媒体具有内容传输即时化、推送内容多元化、学习方式交互化，扩展了"理论认同教育"的时间和空间。四是发挥管理载体隐性教育作用。通过在学校网站建立管理制度和服务工作栏目，发布管理制度，为师生提供优质服务指导，彰显大学精神，发挥间接教育作用。五是培育新行为载体。在建设线上虚拟载体的同时，需要大力开发快闪等行为载体，激励大学生自我教育、自我完善。各种载体在"理论认同教育"过程中只有相互协作，融合发展，才能形成整体优势[297]。

（四）加强教育媒体平台和内容建设

一是积极发挥网络等新媒体新技术作用。数字技术介入，高职院校思想政治理论课教学载体出现云班课、雨课堂和超星等多种学习 APP 应用，思政课教师需要尽快转变教学理念，提高数据化素质和意识，为大学生随时随地学习，开展师生、生生互动交流提供数字化教学资源。AR/VR/MR 等前沿技术介入，促使教育教学场域发生新变化，思政课教师要积极应用仿真训练等新技术手段开展实践教学、校园文化活动，为大学生"后疫情时代"提供更强的沉浸式生活化体验[298]。二是搭建"理论认同教育"校园媒体平台。新媒体推陈出新，高职院校需要构建课堂教学为主渠道，两微一端（微博、微信、客户端）以及校园媒体（校园网、LED 屏、宣传栏、校园广播和校报）为主阵地的校园媒体平台。三是加强媒体内容的建设。高职院校应协同联动共同开展"手拉手"集体备课，在共享教育部和各省、市"中央厨房"供给的优质教学资源同时，建设具有校本特色的教学资源。校园新闻、理论文章等教育内容实行一次采集，首发校园网公共平台，经过再加工和再编辑，分层次发送到两微一端或其他校园媒体，对媒体内容进行深度整合，有效避免内容同质化问题。

（五）强化载体监督与风险防范

随着自媒体时代的到来，大学生使用抖音、微博、微信等自媒体发布、传播信息，成为自媒体人。为防范大学生过度依赖新媒体，使用过程中出现网络道德失范、行为失范问题，要加强对教育载体的监督。一是加强网络道德与法律宣传教育，引导大学生遵守网络管理法纪法规，净化高职院校媒体环境，不信谣不传谣，不对他人进行网络攻击，人身攻击，共同营造良好的网络风气和环境。二是加强对教育载体，尤其是对新媒体信息监管和防控，设置管理关口，建立网络安全预警机制和响应机制，密切关注网络舆情，做到及早发现，及时干预处置，争取把负面影响控制在可控范围。三是提升"技防"水平。高职院校要构建互联网安全管理服务系统平台，从源头上对信息资源进行筛选、过滤，通过现代科学技术防范网络违法违纪，规范大学生网络行为。

第十章 高职院校大学生中国特色社会主义理论认同教育队伍建设

2022 年 4 月 25 日，习近平总书记考察中国人民大学时做出一系列重要论述，揭示出思政课讲道理的本质，指出教师用心教，把道理讲深、讲透、讲活的重要性[299]，为新时代高等职业院校思想政治理论课教师指明了未来努力的方向，加强思想政治理论课教师队伍建设具有重要的意义。

一、高职院校"理论认同教育"队伍的建设成效

党的十八大以来，以习近平同志为核心的党中央高度重视思政课建设工作，提出一系列重要论述，为高校思政课做出科学规划，提出明确要求，给予制度保障，我国高职院校思政课教师队伍建设取得一定成效，教师队伍不断壮大、结构优化。

（一）落实主体责任，党对"理论认同教育"队伍建设全面领导显著加强

高职院校坚持党对思政课教师、辅导员队伍建设的统一领导，充分发挥党委对人才的把关作用，保证中国特色社会主义理论认同教育队伍建设正确的政治方向，形成党委统一领导，党政齐抓共管，马克思主义学院、学生工作部、团委和二级学院明确分工、协同配合的"大思政"格局。党委书记、校长作为思政课建设第一责任人，及时传达落实思政课建设相关文件精神，定期召开党委会议研究马克思主义学院建设和思政课教师队伍、辅导员队伍建设等重大问题。学校领导班子，尤其是

党委书记带头走进思政课堂讲思政课、听思政课，及时了解、处理思政课教师、辅导员个人生活和职业发展中面临的难题。

（二）"理论认同教育"队伍培养规划基本构建

党和政府始终重视高校思政课教师队伍建设，尤其是党的十八大以来，教育部开展顶层设计，对思政课教师队伍建设进行总体布局，相继出台《关于全面深化新时代教师队伍建设改革的意见》《普通高等学校思想政治理论课教师队伍培养规划（2013—2017 年）》《普通高等学校思想政治理论课教师队伍培养规划（2019—2023 年）》《新时代高等学校思想政治理论课教师队伍建设规定》等一系列政策和制度，对思政课教师队伍培养进行全面规划，构建宣传部、教育部骨干教师培训、省级轮训和各高校全员培训的三级培训体系。实施"高校思想政治理论课教师在职攻读博士学位"专项计划和"高校思想政治理论课教师博士后培训项目"，建立一批高校思想政治理论课教师社会实践研修基地，开展国内外研修、访问和考察项目[300]，努力培养造就数十名国内有广泛影响的思政课名师大家、数百名思政课教学领军人才、数万名思政课教学骨干[301]。

（三）"理论认同教育"队伍规模结构逐步扩大和优化

党的十一届三中全会结束以后，为缓解教师数量短缺、质量不足，高校教师逐步归队，恢复大学招生，为扩充教师队伍提供师资资源，同时加强在职教师培训。"85 方案"强调多渠道培养新生力量，多形式充实教师队伍，在此期间围绕解决好教师编制、交流考察、职称评聘等问题建立制度，给予政策倾斜。"98 方案"实施期间，教育部计划用 5 年时间完成 3500 名左右在职"两课"专职教师攻读在职硕士学位，努力培养一批中青年马克思主义理论教学骨干。"05 方案"实施过程中，采取专兼结合方式充实教师队伍，提出采取多种学习进修措施力争在 5 年内培训数百名学术带头人、数千名骨干教师，并第一次提出实施教师任职资格准入制度，以制度造就一支政治坚定、业务精湛、师德高尚、结构合理的教师队伍。"十三五"时期高校思政课专职教师共增长65.5%，专兼职教师年均增长率达14.4%，2020年思政课教师队伍首破10万人大关[302]。2020年1月，教育部颁布实施《新时代高等学校思想政治理论课教师队伍建设规定》，各地高校严格按照师生比不低于1∶350的比例配备思政课专职教师队伍。截至2021年底，全国高校思政课专兼职教师超过12.7万人，较2012年增加7.4万人[303]，其中：专职教师超过9.1万人，队伍配备总体达到师生比1∶350的要求。与此同时，思政课教师队伍结构也有所优化，49岁以下教师占77.7%，具有高级职称的占35%，专任教师中拥有研究生以上学历的占72.9%，拥有博士学位的教师占19.7%[304]，思政教师队伍学历层次不断提高，趋于年轻化。

（四）"理论认同教育"队伍建设的制度体系逐渐完善

2015年7月，中共中央宣传部、教育部出台《普通高校思想政治理论课建设体系创新计划》，提出健全完善教师选聘、培养培训等制度，建设高水平思政课教师队伍。教育部先后在2015年、2019年和2021年颁布《高等学校思想政治理论课建设标准》，其中2021年版本在"队伍管理"一级指标下有思政课教师政治方向、师德师风、教师选配、培养培训、职务评聘、经济待遇、表彰评优等7个二级指标和14个三级指标。2017年，教育部颁布实施《普通高等学校辅导员队伍建设规定》，规定辅导员首要工作职责是思想政治理论教育和价值引领，按总体上师生比不低于1∶200的比例设置专职辅导员岗位，并对辅导员的发展与培训，管理与考核等内容提出要求。2017年、2019年教育部先后印发《高等学校马克思主义学院建设标准》，2021年中共中央办公厅印发《关于加强新时代马克思主义学院建设的意见》，通过加强马克思主义学院标准化建设，为思政课教师队伍建设提供组织保障。截至2021年底，全国高校马克思主义学院共有1440余家，中宣部、教育部重点建设全国重点马克思主义学院37家，教育部支持建设200余个优秀教学科研团队[305]。

二、当前高职院校"理论认同教育"队伍建设面临的现实问题

我国高职院校思政课教师、辅导员队伍建设取得可喜成绩，培养出一批思政课教学名师、学术带头人和骨干教师，遴选产生一批"最美高校辅导员"和"高校辅导员年度人物"，成立一批"思政课名师工作室""辅导员名师工作室"，思想政治教育教学改革不断深入，思想政治教育效果稳步提升，但是现有的"理论认同教育"队伍建设仍面临一些亟待解决的现实问题。

（一）选聘"理论认同教育"队伍存在降低门槛现象

2017年，教育部修订出台《普通高等学校辅导员队伍建设规定》，要求按总体上师生比不低于1∶200的比例设置专职辅导员。2020年教育部印发《新时代高等学校思想政治理论课教师队伍建设规定》，要求按照师生比不低于1∶350的比例配齐建强思政课专职教师队伍，各级教育管理部门先后出台文件提出思政课教师、辅导员队伍配比达标的时间限制要求。为了在规定时间内达到师资配比，全国高校一方面加大优秀硕士、博士毕业生招录，推进党政管理干部转岗为专职思政课教师，另一方面积极聘用兼职教师。由于优秀硕士、博士毕业生供不应求，而高职院校在引进人才方面较本科院校不具优势，招聘博士毕业生难度较大，招聘的硕士毕业生质量参差不齐，有的新入职教师不是共产党员，有的党政管理干部不具有马克思主义理论等相关学科背景，有的辅导员不具备"思想政治教育工作"相关学科的宽口径知识储备，而兼职教师的授课质量较难把控。2021年底较2020年底全国高校思政课专兼职人数增加2.1万人[306]，很多高校思政课教师队伍较快达到1∶350师资配比。此外，截至2022年3月，全国高校专兼职辅导员达24.08万

人，比 2019 年增加约 5.2 万人，31 个省（自治区、直辖市）辅导员配备整体达标[307]，但是存在降低入职门槛的现象。

（二）兼职教师学历和职称亟待提高

2019 年学校思想政治理论课教师座谈会召开后，全国各级教育管理部门将办好思想政治理论课作为需要重点加强的工作加以推进，高校思政课专兼职教师数量增加，全国思政课专职教师比率从 2020 年 11 月的 67.32%[308] 提升到 2021 年 11 月的 71.65%[309]，但兼职教师比率仍高达 28.35%。《中国教育统计年鉴（2020）》数据显示：2020 年全国普通高校专职教师和兼职教师博士、硕士、本科、专科及以下的比率分别为：27.99%、37.18%、34.07%、0.76% 和 15.87%、31.58%、47.33%、5.23%，普通高校兼职教师学历层次为本科、专科及以下的比率达到 52.56%，兼职教师本科、专科及以下的比率比专职教师高 17.73%。专职教师和兼职教师正高级、副高级、中级、初级和未定职级的比率分别为 13.25%、30.04%、38.12%、10.38%、8.2% 和 16.89%、27.77%、29.67%、8.07%、17.60%，普通高校兼职教师未定级别、初级职称比率为 25.67%，比专职教师未定级别、初级职称比率高 7.09%。可见，高职院校兼职教师学历和职称低于专职教师。

（三）"理论认同教育"队伍科研水平有待提高

高职院校科研平台相比于本科院校不具优势，总体科研氛围不够浓厚，由于教师、辅导员的教学、学生管理任务繁重，开展科学研究的积极性欠缺。《中国教育统计年鉴（2020）》数据显示：2020 年全国本科院校、高职高专学校教师社科类课题立项以及社科活动人员人均立项数分别为 51.54 万项、7.65 万项以及 0.82 项、0.36 项；全国本科院校、高职高专学校教师出版专著以及社科活动人员人均出版专著分别为 16142 部、1219 部以及 0.026 部、0.006 部；全国本科院校、高职高专学校教师发表论文以及社科活动人员人均发表论文分别为 295103

篇、78511 篇以及 0.47 篇、0.37 篇；全国本科院校、高职高专学校教师完成研究与咨询报告以及社科活动人员人均完成研究与咨询报告分别为 29451 篇、4238 篇以及 0.047 篇、0.020 篇。为了鼓励思政课教师开展科学研究，近三年国家社科基金和教育部"繁荣计划"设立思政专项共计近 1000 项[310]，但高职高专学校思政教师立项数较少。2022年 198 项教育部思政专项共有 33 所高职高专学校教师申报课题得以立项[311]，2022 年 172 项国家社科基金思政专项共有 4 所高职高专学校教师申报课题立项[312]，辅导员主持、参与的课题较思政教师更少。

（四）"理论认同教育"队伍建设统筹管理有待提升

近年来，各级教育主管部门建设全国、省级和校级思政课教师研修（学）基地、"手拉手"集体备课中心，开展常态化教师培训研修，打造高水平专业化思政课教师队伍。然而，高职院校教师队伍建设统筹管理有待提升。一是教师培养培训整体统筹规划有待进一步加强，避免各级各类师资培训层层加码，思政课教师参加的各类公需课和专业课进修培训学时未给予认定和部分抵扣减免，不利于提高培训研修的实际效果。二是思政课教辅参考资料建设滞后。为更加及时、更加充分体现党的理论和实践创新成果，思政课教材修订频率加快，然而教学参考资料建设滞后，缺乏与教材配套的教学参考书、疑难解析、学生辅导用书，一些集体备课中心的成果资料尚未完全公开共享，思政课教学缺乏必要的参考资料。三是未全面落实思政课教师薪酬、福利等待遇。不少高职院校对发放思政课教师津贴认识不到位，未按时足额发放思政课教师津贴，不能有效解决教师薪酬、福利等待遇问题，高职院校，尤其是西部地区的高职院校思政课教师岗位缺乏吸引力，很难招聘到高层次人才，存在骨干教师、辅导员流失，梯队建设受限等问题。

（五）"理论认同教育"队伍协同育人效应欠缺

高职院校"理论认同教育"队伍在协同育人中存在一些问题，影响协同效应的发挥。一是协同育人组织尚未建立。思政课教师、辅导员、班主任和党政共青团干部承担着更为明确具体的思想政治教育职责。然而，"理论认同教育"各支队伍各自为政，仅在具体工作需要沟通联系时才有联系，未整合成协同育人组织。二是协同育人制度不健全。高职院校缺乏沟通互动机制，"理论认同教育"队伍之间沟通较少，工作信息沟通不畅，工作职责划分不清，缺乏协同合作机制，中国特色社会主义理论认同内化过程和外化过程衔接不紧密。三是教育资源协调使用欠缺。高职院校"理论认同教育"队伍未能统筹规划、协调使用教育经费、活动设施、教学资源和校园文化，辅导员、党政团干部掌握大量生动校本教学案例和学生情况信息未分享给思政课教师，而思政课教师具有的专业知识未运用于日常思想政治教育，导致思政课教学讲得不够活、不够透，而日常思想政治教育讲得不够深[313]。

三、进一步加强高职院校"理论认同教育"队伍建设的策略

（一）逐步配齐建强"理论认同教育"队伍

当前，各地建立不同层级的督查制度，督查教育部关于思政课教师队伍建设各项政策措施的落实情况，绝大部分高职院校思政课教师都达到1∶350师资配比，各省（自治区、直辖市）教育厅应继续加大督查力度，促进高职院校因地制宜制定思政课教师队伍建设实施细则，在编制、指标上给予重点支持，确保尽快配齐思政课教师。在此基础上，思政课教师队伍要实行动态管理，做到能进能出，在存量基础上做好结构优化，建强思政课教师队伍。一是把好政治关。对师德师风、政治素质不合格的教师及时做出调整，退出思政课教师队伍。二是优化教师队伍结构。不断调整思政课教师队伍的专兼职比例、教师年龄结构、学科结构和职称结构，合理搭配老中青教师，力争做到教师学科背景多元化、学缘结构合理，为思政课教师进修和职称评定创造条件，不断提升思政课教师职称和学历。三是加大领军人物、教学名师和优秀

教师团队建设。高职院校需要下大力气引进、留住高层次人才，重点培养领军人物、骨干教师、教学名师和"最美辅导员"，并充分发挥其辐射带头作用。建设双师团队、创新团队等优秀教师团队以及名师工作室和辅导员名师工作室，促进资源共享、协同创新，为"理论认同教育"队伍成长创造良好环境[314]。

（二）全面提高"理论认同教育"队伍综合素质

德高为师，身正为范。思政课教师承担着立德树人，为党育人，为国育才的光荣使命，思政课教师、辅导员队伍的鲜明底色就是讲政治，因此要把政治建设放在首位。一是加强政治建设，坚持党的领导和马克思主义指导地位，"理论认同教育"队伍在政治立场、政治方向上要同党中央保持高度一致，坚决做到"两个维护"，不断提高自身政治免疫力、政治鉴别力、理论思维能力和政治站位，严守政治纪律[315]。二是加强师德师风建设。在学生心灵埋下真善美的种子，做学生学习知识的引路人，坚定信仰的引路人，"理论认同教育"工作者就要加强自律，做到以德立身、以德立学、以德施教，自觉做学生为学为人的表率。高职院校要建立师德师风建设委员会，在学校党委统一领导下，与教师委员会和教师发展中心、二级学院协同配合，分工协作，构建师德师风评价体系及师德风建设实施细则，跟踪考察"理论认同教育"队伍职业行为，对表对标教师行为负面清单，记录、整理和保存好师德评价考核档案，作为教师、辅导员和党政团干部年内考核、评优和职称、职级晋升的依据[316]。三是加强专业能力培养。思政课教师需要具有过硬的专业能力，包括专业知识、专业能力、教学能力和科研能力；辅导员需具有调控自我行为能力、人际交往行为能力、环境适应能力、思想政治教育能力、学生发展指导能力和学生事务管理能力。提升专业知识、专业能力需要加强"理论认同教育"队伍进修培训。近年来各地高校研修基地借助网络学习平台、腾讯会议开展线上理论研修，一些知名专家、学术权威开展理论前沿、热点问题的解读，对促进教育者成长具有积极作用，但是师资培养培训需要进一步系统化、长效化和科学化。各地教育主管部门要下大力气整合资源，发挥国家级、省级重点马克思主义学院的作用，采取挂职交流、联合培养、在职攻读博士学位等多种方式，提升高职院校"理论认同教育"队伍的学历、专业水平和科研水平。各地集体备课中心要凝聚力量，开展示范课堂教学，研究开发系统完善的教学资源包、专业数据库，为思政课教师理论和实践教学提供教辅资料。高职院校要加大对思政课教师去企业挂职、参加社会实践、实训的力度，提高思政课教师的职业认同感，打牢思政课教师适教、乐教和善教基础。[317]

（三）深入开展"理论认同"教育教学品牌创建活动

近年来，教育部搭建平台，深入开展思政课教学品牌活动，筑牢优化思政课教师队伍建设基础。一是积极开展思政课师生共同研修活动。继续开展"周末理论大讲堂"，全国大学生"同上一堂思政大课"等品牌活动，网上"思政大课"新样态有助于促进师生对话，增强思政课教学影响力，达到良好宣传效果，为思政课营造良好外部环境。二是培养思政课教学名师，设立名师工作室。以名师、名师工作室为载体，以搭建教学科研平台为途径，选拔教学名师，评选思政课名师工作室，通过科研引领、课题指导和教学示范等多种形式，发挥名师传帮带领作用。三是积极组织思政课教师教学展示、大学生讲思政课教学展示和大学生微电影展示等活动。通过师生参与教学展示，促进师生深入掌握教材内容，观摩示范课程，在学中做，在做中学，提高教学设计能力、课堂管理能力和信息化教学能力。四是深入开展提质培优、内部质量诊断。开展示范课程建设、创新团队建设，通过为团队和教师个人制定中长期发展目标和计划，动态跟踪管理，及时纠偏修正，推动教学团队和教师个人的内涵式发展。

（四）加强"理论认同教育"队伍之间的协同

要加强统筹，整合"理论认同教育"队伍，充分发挥协同效应。一是建立协同育人组织，形成育人合力。要打通"理论认同教育"队伍的人力资源隔阂，实现思政课教师岗位、辅导员岗位和党政团岗位之间相互交流、转岗。二是建立协同育人沟通交流平台。首先，高职院校党委对"理论认同教育"队伍的各支力量进行统筹管理，明确各支队伍的"责权利"，关注"理论认同教育"工作环节的衔接。其次，加强沟通与交流，通过定期召开联席会议，商讨"理论认同教育"过程中重大问题和重要事项，促进各支队伍在课堂教学、实践教学、科学研究与校园文化建设等方面的协调，各支队伍之间互通有无，取长补短，形成合力。最后，加强人才联合培养。思政课教师培养培训的渠道向其他队伍开放，辅导员和党政团干部可以参加思政课教师研究基地实习实训，聆听"理论认同教育"学术研讨会、报告会，提升辅导员思想政治教育理论水平。三是完善协同育人机制。高职院校把协同育人纳入绩效考核、评优评奖、职务晋升、职称评定的考核，思政课教师、专任教师评聘职务、职称都要具有担任班主任或辅导员的经历，鼓励辅导员讲思政课或担任助教，吸引思政课教师参与校园文化建设，几支队伍合作开展课题研究和课堂教学。

第十一章　高职院校大学生中国特色社会主义理论认同教育的环境系统优化

习近平总书记强调："引导学生增强中国特色社会主义道路自信、理论自信、制度自信、文化自信，厚植爱国主义情怀，把爱国情、强国志、报国行自觉融入坚持和发展中国特色社会主义事业、建设社会主义现代化强国、实现中华民族伟大复兴的奋斗之中。"[318] 党的十八大以来，习近平总书记高度重视思想政治教育，对思想政治理论课、高校思想政治教育工作多次发表重要讲话，形成了习近平关于思想政治教育重要论述，这是新时代办好思想政治理论课的根本遵循。高职院校不同于普通高等院校，相比之下，两者的区别在于，高职院校大学生在培养过程中应重视应用型人才培养。校园文化教育对于大学生成长成才起到关键作用，因此，营造教育环境，通过校园文化构建中国特色社会主义理论认同教育环境，有助于增强高职院校大学生中国特色社会主义理论认同。

一、构建高校"大思政"格局

习近平总书记指出："党中央对教育工作高度重视，对思想政治工作、意识形态工作高度重视……为思政课建设提供了根本保证。"[319] 习近平总书记的讲话为我们从意识形态工作的高度认识思政课建设提供了理论遵循。新时代，我们要以意识形态工作为抓手，搞好思政课建设，为此就必须"注重意识形态及其功能的有效发挥"[320]。作为意识形态工作前沿阵地，高职院校必须主动扛起通过塑造意识形态教育环境培养社会主义合格建设者和可靠接班人的重大责任。当今，大学生自我意识较强的特征愈发鲜明。如何通过校园环境引导大学生树立正确的世界观、人生观和价值观成为高校亟待研究的问题。对此，党在新时代背景下提出构建"大思政"格局，突出"实现全员育人、全程育人、全方位育人"。因此，在对高职院校大学生开展中国特色社会主义理论认同教育中，应强调建构高职院校意识形态环境，使新时代大学生中国特色社会主义理论认同教育更具有实效性。

（一）发挥思政课不可替代的关键作用

习近平总书记指出："思想政治理论课是落实立德树人根本任务的关键课程。"[321] 的确如此，思想政治理论课是落实我国教育根本任务的主阵地、主渠道、主战场，具有不可替代的作用。高职院校思想政治理论课作为开展中国特色社会主义理论认同教育的主渠道，具有不可替代的功能与作用。为加强新时代高职院校大学生中国特色社会主义理论认同教育，需要发挥思想政治理论课的主渠道作用，大力提升高职院校大学生对中国特色社会主义理论体系的认知认同水平。

一是高职院校要严格落实新时代大学生中国特色社会主义理论认同教育的新要求。坚持问题导向，准确掌握中国特色社会主义理论的价值体系，根据社会发展实际，选择学生需要的教学内容。当代大学生大多为"00后"，他们的思维更活跃发散、视野较为开阔，具有强烈的质疑精神，所以想要培养他们的中国特色社会主义理论认同，仅仅回答中国特色社会主义理论体系"是什么"是远远不够的，必须跟他们详细阐明中国特色社会主义理论体系"为什么好"。在学习的过程中，根据大学生的普遍疑惑进行解答，提高学生的思辨能力。二是高职院校思政课程要进一步强化在内容上的相互关联性。大学生中国特色社会主义理论认同教育在内容上要相互衔接，层层递进。如入学初期的《思想道德与法治》课程有助于大学生深化中国精神，践行社会主义核心价值观；《毛泽东思想和中国特色社会主义理论体系概论》和《习近平新时代中国特色社会主义概论》课程促进大学生坚定"四个自信"，拓展对马克思主义中国化视野；《马克思主义基本原理》课程帮助大学生掌握马克思主义的世界观、方法论以及人类社会发展基本规律；《形势与政策》课程帮助大学生认清国际国内形势，掌握国家大政方针。

（二）开拓思政课程的宽领域教学模式

习近平总书记指出："很多学校在思政课上积极采用案例式教学、探究式教学、体验式教学、互动式教学、专题式教学、分众式教学等，运用现代信息技术等手段建设智慧课堂等，取得了积极成效。"[322] 习近平总书记的讲话，为我们拓展思政课的教学模式提供了思路和借鉴。构建高职院校思政课程的新模式，是落实习近平总书记关于思想政治教育重要论述的必然要求，也是建设新时代中国特色社会主义的智力保障。因此，高职院校要对思政课教学进行大胆改革，提升思政课的实效性。

一是对高职院校思政课教学模式进行创新。本着"以生为本"的理念进行线上线下教学探索，强化混合式教学、翻转课堂、对分课堂在高职院校思想政治理论课教学中的应用，开发适应高职院校思想政治理论课教学的微课堂、云班课、慕课等现代化教学手段。同时，高职院校应鼓励思政课教师探索运用混合式教学模式，提升高职院校大学生参与思想政治理论课教学的积极性和主动性，形成线上有资源、线下有活动、过程有评价的教学模式，进一步增强高职院校大学生对于中国特色社会主义理论体系的认知认同水平，继而解决高职院校大学生虽然对中国特色社会主义理论体系认知度较高，但不够全面深入的问题。二是强化高职院校实践教学模式。首先，面向社会要资源，与纪念场馆、社区、企业长效合作，尤其是要善于利用好本地的红色资源，与本地各类历史文化教育基地、红色教育场馆、历史文化馆、改革发展展馆等教育基地建立长期的合作关系，建立高职院校思政课实践教育基地，合作开发思政课实践基地线上展厅和课程体验。其次，充分挖掘中华优秀传统文化资源。将中华优秀传统文化中的真善美融入思政课教学中，并利用传统节日、国家重要纪念日组织开展相关主题活动，培养学生强烈的仪式感。第三，将讲好中国故事融入开放大学思政课课堂。思政课教师要善于从中国故事中挖掘教学资源，尤其是注重搜集全面建成小康社会、脱贫攻坚、疫情防控中的鲜活案例，并要讲清楚其中蕴含的深刻精神，不断引发学生的现实情感共鸣，起到增强理论认同的作用。三是探索高职院校思政课"课程＋基地＋社团"的实践育人模式。思政课程教师引导大学生建立理论研究式社团，支持大学生理论研究社团开展参观红色教育基地、历史博物馆、城市文化展示厅等活动和大学生研讨会，提高大学生主动参与思政课教学的热情，增强大学生体验感与认同感，使大学生在体验教育中强化中国特色社会主义理论认同和情感认同，达到知情意行统一，丰富思政课教学内容，打造高职院校思政教育的良好实践育人环境。

（三）拓展大学生社会实践活动

高职院校要不断丰富大学生参与社会实践的多元化途径，致力于提升大学生文化素养和建设中国特色社会主义的自信心。高职院校制定大学生培养规划时，要持续鼓励大学生加大在寒暑假参与社会实践活动的频次和深度，鼓励大学生前往全国各地调研建设中国特色社会主义的实践成就，让大学生在实践调研活动中感受中国特色社会主义制度的优越性，深化对中国特色社会主义理论体系的理解和认知，从而自觉认同和践行中国特色社会主义道路，坚定"四个自信"。

支持和鼓励大学生及时总结社会实践体会并形成具有一定学术价值的调研报告或学术成果，对于表现突出者要在精神和物质上给予一定程度的奖励。这样有利于提升大学生主动前往基层实践和调研的积极性，能够观察、体验基层党政组织围绕脱贫攻坚和全面建成小康社会所做的丰富实践，亲身感受中国特色社会主义新农村发生的巨大变化。此外，高职院校还要鼓励学生会、社团等学生组织融入大学生社会实践调研体系中，通过组织引领，使得大学生在社会调研和实践中加深对中国特色社会主义先进文化的认知，并组织大学生在校园活动中宣讲其在基层实践中的体会和感受，扩大社会实践在高职院校大学生群体中的知名度和影响力，提升校园文化活动价值，帮助更多的高职院校大学生了解中国特色社会主义道路和丰富内涵，让高职院校大学生有机会将学习的中国特色社会主义理论知识外化为具体行为表现，这也是认同教育的关键环节。

发挥思政课教师的积极作用。高职院校思政课教师应指导和帮助大学生选择恰当的调研主题，制定合理的调研方案，优化调研途径，形成科学合理的调研报告，引导他们从国家整体高度把握新时代中国特色社会主义社会建设的丰富内涵和实践路径，引领高职院校大学生在社会实践调研和锻炼中提升理论高度。同时，高职院校思政课教师要根据大学生社会实践调研实际，结合思政课教学相关理论，围绕办好新时代高职院校思想政治理论课实践教学和提升高职院校校园文化建设做一些卓有成效的理论研究。

二、丰富高校文化建设

习近平总书记指出："开展形式多样、健康向上、格调高雅的校园文化活动，广泛开展各类社会实践。"[323] 习近平总书记的讲话为我们加强校园文化环境建设指明了方向，确定了目标。校园文化与一般的社会文化的区别在于其具有明确的教育目的性。加强校园文化有助于培养精神品质优、智慧能力强、体魄强健的可靠社会主义接班人。良好的校园文化建设为高职院校大学生中国特色社会主义理论的认知、认同、坚信和践行形成积极影响，也为高职院校思想政治理论课教育教学和日常思想政治教育的有效实施提供反馈和支持。高职院校校园文化整体建设呈现良好态势，但文化具备历史具体性。高职院校必须用中国特色社会主义文化引领高校校园文化，营造积极向上的校园文化氛围，强化高职院校大学生中国特色社会主义认同，解决高职院校大学生中国特色社会主义认同教育在理论不足、体验欠缺、情感不深和价值认同缺乏等方面存在的问题。

（一）加强校园文化环境建设

校园物质文化作为校园文化的物质载体，主要包含学校建筑、艺术作品、室内室外空间布置等，具有形象性、隐藏性、广泛性的特点，是开展高职院校大学生思想政治教育的重要活动场所，承担着极其重要的育人作用。首先，高职院校要基于中国特色社会主义理论体系、社会主义核心价值观的理念，结合本校发展特点，建设图书馆、校史展馆、校园文化长廊等，宣传在党的领导下高职院校的发展历史，宣扬为高职院校作出杰出贡献的"双师型"人民教师、高级工程师和优秀毕业生等先进模范事迹，增强学生的职业自豪感和归属感，从而激发他们对中国特色社会主义理论体系的认同，励志为国家做奉献；其次，高职院校要结合工匠精神，挖掘学校的历史沿革和办学特色，在校园建筑、校徽、校训、校服、微景观、小雕塑等多方面突出特色，增强校园物质文化的品位，彰显师生风貌，传播学校精神；最后，高职院校要加强对校园物质文化的阐释和宣传，让学生身在其间，充分感受和了解各种校园物质文化载体的人文价值，将物质文化的育人作用充分发挥出来。

（二）丰富校园文化内涵

首先，高职院校要通过丰富校园文化活动大力弘扬和传承中国精神，深化高职院校大学生对中国精神的理论认识和情感认同，以校园文化为载体，为发扬光大中国精神营造良好氛围，丰富校园文化的内涵。高职院校可以组织学生在校园内开展电影周，观看爱国主义大片等校园活动，将思想内涵过硬、制作精良的作品展现给大学生，如《战狼》《大国工匠》《我和我的祖国》《长津湖》《我和我的父辈》等优秀作品，展现在中国共产党领导下，中国人民不畏艰难、勇于奋斗、坚持信仰、保家卫国的感人故事。《真爱》《巴彦岱》《美丽家园》《塔洛》《狼图腾》和《转山》等本土影片展现了祖国优美画卷，歌颂民族大团结，弘扬中华民族共同体意识，为大学生讲好中国故事。高职院校可以组织大学生开展爱国主义影片品评活动，强化正确的审美，歌颂工匠精神，引导新时代大学生树立远大理想，树立正确的"三观"，鼓舞当代大学生为美好生活勤奋学习、立志成才，用影视作品深化对马克思主义行、中国共产党能和中国特色社会主义好的理解。另外，还应鼓励高职院校大学生以身边好人好事、社会正能量、我眼中的中国等为主题拍摄微电影，并给予一定的精神鼓励和资金支持，以此激励大学生提升新媒体工具应用能力，并借助朋辈引领，将高职院校大学生眼中的正能量在全国广为传播。其次，高职院校在校园文化活动中，还要大力宣传在中国共产党的领导下，中华优秀儿女为开发建设边疆、增进民族团结、推进社会进步、巩固祖国边防而涌现出的胡杨精神、兵团精神、老兵精神等，进而增强高职院校大学生培育中国精神，坚定"四个自信"，增强"五个认同"，铸牢中华民族共同体意识。第三，高职院校要精细化开展创建组织文化品牌活动，以具体的活动品牌和项目支撑起校园文化体系，提升校园文化活动宣传质量，以各学院党团组织为单位，开展各类校园文化活动，优化高职院校校园文化环境，让大学生在校园内受到中国精神潜移默化的影响，发挥出文化品牌的育人效应，提升大学生的文化涵养，树立艰苦奋斗、自强不息、甘于奉献的精神，立志为建设中国特色社会主义而奉献青春才华。

（三）优化校园红色文化传承教育环境

习近平总书记指出："要抓好青少年学习教育，着力讲好党的故事、革命的故事、英雄的故事，厚植爱党、爱国、爱社会主义的情感，让红色基因、革命薪火代代传承。"[324] 红色基因就是红色文化。习近平总书记对青少年的殷殷嘱托，为我们将红色文化融入思想政治理论课中提供了根本抓手。红色文化是中国共产党在长期革命斗争中，和先进分子、人民群众共同创造的、独具中国特色的先进文化，蕴含着不畏困难、勇往直前、视死如归、艰苦奋斗、无私奉献、勇夺胜利的革命精神和极其厚重的历史文化内涵。红色文化主要包含纪念馆、遗址和红色文物等物质文化以及井冈山精神、长征精神、改革开放精神等精神层面非物质文化。这些红色文化资源具备内容丰富、形式多样的特点，为高职院校开展思想政治理论课提供宝贵素材，也为高职院校开展大学生中国特色社会主义理论认同教育提供支撑，更能帮助高职院校营造风清气正的校园风气。

一是对本地红色文化资源进行深入研究和精细解读，选定适宜开展红色文化教育的纪念馆、红色教育基地、博物馆、革命公园等场所，面向各地区和相关管理部门要资源，与适宜开展红色文化教育的场所建立联系、开展深度合作，建立大学生红色文化教育基地，带领大学生开展实践教育，在实地参观中让高职院校大学生亲身体悟革命文化的精神特质，树立起爱党爱国精神。二是改进红色文化教育形式和教学方法，增强学生的体验感与获得感。首先，思政课教师要增强对红色文化内涵和价值的学习与研究，将红色文化采用案例分析、对分课堂、翻转课堂的形式融入思政课教学中，激发学生学习红色文化的热情。其次，高职院校要不断收集和整理红色文化有关资料，通过学校官网、公众号、抖音、B站等新媒体渠道采用图文并茂、影像视频的方式进行红色教育宣传，增强与高职院校大学生的有效互动，丰富大学生的体验感。最后，高职院校利用高校特点，依托学工部、团委和学生会等平台开展党史学习交流会、专家论坛、红色基地参观和学生大讨论等活动，传承红色基因。通过各种教育手段开展中国革命史、党史教育，使大学生在追寻革命事迹、革命精神中获得传承力量，在建设中国特色社会主义道路的伟大事业中成为正派人、传承人、顶梁柱。

三、加强高校党团工作环境

习近平总书记指出："群团事业是党的事业的重要组成部分。"[325]高校党团组织就是群团事业的重要组成部分，也是党的事业的重要组成部分，是联系学生的重要纽带和重要途径。高职院校党团组织是在各级党、团委领导下，以学生党、团员为主要成员，实施大学生教育与自我教育、管理与自我管理、发展与自我发展的组织团体，是高职院校大学生价值引领的前沿阵地，也是落实意识形态责任制的重要落脚点之一，是中国特色社会主义事业蓬勃发展的有生力量和基础。广义上的党团组织不局限于学生党团支部、学生会、研究生会等，还可辐射到社团联合会、学生社团等。

（一）发挥党团组织的教育功能

高职院校党团组织要率先开展大学生中国特色社会主义理论认同教育，使这一积极群体增强中国特色社会主义道路和理论的自信，形成核心力量和带头人，不断通过各类党团组织活动，如主题党日活动、主题团日活动、宿舍文明活动、手拉手帮扶活动等，宣讲中国特色社会主义理论体系和党的最新理论精神，影响和感染一批大学生，将更多的优秀学生紧密团结在一起，形成中国特色社会主义的先锋队。高职院校应发挥党团组织的教育功能，组织丰富多彩的党团文化活动，丰富大学生的课余生活，提升高职院校校园文化质量，打造积极健康、向上和谐的校园文化环境。而这对高职院校党团组织建设提出更高要求，要求党团组织素质优良、工作实效显著，能够结合新时代背景下党的大政方针和重大决策内容，开展富有地方特色的主题活动，主要包含大思政、社会实践和公益性活动。大思政教育主要内容包含以"五个认同"为主线的爱祖国爱边疆、弘扬中国特色社会主义伟业、中华民族共同体意识教育、实现社会稳定和长治久安总目标教育、宣传党的惠民政策、倡导民族大团结、新时代背景下时事政治动态教育、红色传承教育、大学生普及党团基本知识方面的教育；社会实践活动主要以调查和融入社会为主要内容，主要是参与各领域发展方面的体验式实践活动，如参观新时代成就展，开展各类社会生活调查，深入农村参与劳动和普及科技文化知识等方面的活动，以及以实习为目的的勤工助学；公益性实践活动主要是以"建设美丽中国"为主题的植树造林和城市美化活动，还有与专业特长相结合的服务群众和便民活动。如高职院校每年参与地方植树造林、固沙绿化活动、农村实践劳动，在企业、社区等地方实习，参与地方大型赛事和经贸洽谈的志愿者活动，参加疫情防护志愿活动等。鼓励高职院校大学生通过学校党团活动深入地方经济发展，承担疫情防控工作，在锻炼自身的同时也为社会做出贡献，彰显青年的青春风采与人生价值，使广大高职院校大学生党员、团员在活动中树立正确的"三观"，切身体会中国特色社会主义的优越性，真正做到从内心深处认同中国特色社会主义理论体系。

（二）关注校园精神文明创建活动

高职院校在党团建设中，应特别关注校园精神文明创建活动，例如开展文明学校、文明宿舍、文明班级等活动。通过一系列的文明活动带来积极的影响，促使学生思想政治觉悟不断提升，形成良好的行为习惯和文明举止，并且通过班级的微信群、QQ 群或者班级社区，源源不断地向大学生传播文明思想和积极向上的思想，力争在形式和内容上不断丰富大学生活，构建和谐的校园文化氛围，也能让学生紧密团结在一起，使感情更加融洽，在课余生活中潜移默化地开展思想政治教育工作，形成中国特色社会主义理论认同的良好环境。此外，高职院校的党团组织也要重点关注大学生困难群体和大学生的实际困难，帮助他们排忧解难，让他们感受到党团组织的关心和关怀，在思想上不断向党团组织靠近，为中国特色社会主义理论认同教育提供思想沃土，帮助大学生凝聚正能量，正确分析国内外局势，防止负面风气的蔓延，抵制敌对势力的渗透，培养更多社会主义合格接班人。

四、提升社会文化环境

信息环境蕴藏着特定的观点和价值，对人的认知和行为起到一定的影响和制约作用。高职院校想要做好中国特色社会主义理论认同教育，离不开社会文化环境的建设。中国特色社会主义理论认同教育社会环境的建设离不开各地区自主性的充分发挥，不断提升综合治理能力，营造良好的社会文化氛围。

（一）"理论认同教育"社会环境

各级政府要在履行好现有职能的基础上，不断为大学生中国特色社会主义理论认同教育提供助力。这里必须明确高职院校大学生中国特色社会主义理论认同是大学生爱党爱国的思想基础和依据。政府作为国家行政机关，要持续提升行政能力，为大学生中国特色社会主义理论认同教育提供良好的社会环境。

首先，各级政府要持续提升社会综合治理能力，不断排查并及时整改社会中不利于中国特色社会主义理论认同教育的因素，完善相应的法律法规，制定科学合理可落地的制度政策，明确"理论认同教育"的职责主体，并对相关人员做好宣传培训教育。同时要加大对高职院校大学生中国特色社会主义理论认同教育工作的指导、协调与监督，切实为做好高职院校大学生中国特色社会主义理论认同教育营造良好的政治环境。其次，各级政府要做好疫情防控工作，通过适当的经济调控手段，维持经济平稳增长。在此基础上，改善就业环境，增设就业岗位，为高职院校大学毕业生提供工作机会，拓宽高职院校毕业生的工作渠道，让高职院校毕业生切实享受到国家发展带来的红利，感受到社会主义制度的优越性，进而自觉主动地投入中国特色社会主义建设中去，这也在实际上增强了中国特色社会主义理论认同。最后，各级政府要不断强化精神文明建设，通过形式多样的精神文明活动，提升人民的精神境界和思想政治素养，在全社会营造积极向上、风清气正的社会氛围和文化氛围，以此潜移默化影响各族人民自觉与消极思想、不良价值观做斗争。在这样的大背景下，高职院校大学生也能在健康的文化氛围中读书学习生活，进而成长成才，成为合格的社会主义事业接班人。

（二）营造健康的网络环境

　　网络时代，大学生群体作为网络媒体的主要受众，每天都在通过互联网接受着五花八门、良莠不齐的海量信息，这些信息在潜移默化地影响着大学生的思想。高职院校大学生因为年龄小、辨别能力差等原因，更容易受到这些信息的影响，甚至有可能在价值观上出现偏差。因此，各级政府必须重视网络环境的营造，引导网络媒体朝着正向发展。首先，政府必须对网络环境进行正向塑造，强化网络监督，对网络信息进行监督审查，进行正向的舆论引导，采取高职院校大学生喜闻乐见的方式传播信息，及时回应网络热点事件，在整体上保证网络文化的积极向上，大力宣扬中国特色社会主义伟大功绩，宣扬中国特色社会主义文化，为广大大学生营造健康身心发展的网络环境，增强他们对于我国政治制度、特色理论、中国文化的自信心，从而提高理论认同情感。另一方面，各级政府要加强利用相关法律法规、政策对于网络平台的监管，时刻与不良信息作斗争，时刻提防西方敌对势力对我国的和平演变，防范西方不良舆论渗透破坏中华民族大家庭和睦美好的良好环境，抵制不良外来网络信息影响中国精神和社会主义核心价值取向，抵制分裂阴谋论者利用网络坑害下一代，用积极健康的价值观引领高职院校大学生的发展。

第十二章　高职院校大学生中国特色社会主义理论认同教育机制建设

提高高职院校大学生中国特色社会主义理论认同的途径不仅包括课程育人、实践育人、网络育人和环境育人，还包括管理育人。推进高职院校大学生中国特色社会主义理论认同教育，需要不断建立完善中国特色社会主义理论认同教育的体制机制，将中国特色社会主义理论认同教育渗透到大学生的学习、社团活动和日常生活等各个方面和各个环节，全员、全程、全方位开展中国特色社会主义理论认同教育，全面提升高校思想政治工作质量[326]。

一、建立和完善"三全育人"机制

习近平总书记在 2016 年召开的全国高校思想政治工作会议上指出："要坚持把立德树人作为中心环节，把思想政治工作贯穿教育教学全过程，实现全程育人、全方位育人。"[327] 2018 年，教育部印发《普通高等学校"三全育人"综合改革试点建设标准》，我国开始试点推行"三全育人"改革。2020 年，教育部等八部门发布的《关于加快构建高校思想政治工作体系的意见》指出："以建立完善全员、全程、全方位育人体制机制为关键，全面提升高校思想政治工作质量。"[328]

培养新时代社会主义建设者和接班人要求大学生德智体美劳全面发展，"三全育人"是培育全面发展人才的重要方式与途径。在统筹、完善、优化"三全育人"体制机制建设时要结合其本质要求，充分体现全员、全程、全方位的特点，从组织机制、统筹优化机制、五育并举人才培养等方面加以建设。

（一）完善顶层设计、系统设计

在加快构建"三全育人"教育体系的时代背景下，高职院校应加强顶层设计、系统设计，同时结合自身独特优势，整合校园资源努力推进思想政治文化氛围建设。思想政治教育是一项覆盖面极广的教育工作，它涵盖校园生活的方方面面，对学生"三观"的形成及发展、未来的职业选择和人生规划都会产生重要的影响。为此，应坚持党委领导下的校长负责制，充分发挥党政组织的育人作用。

一方面，学校应设立权责明确的职能部门，组建权威专业、立体联动的思政工作队伍，从组织结构层面夯实"三全育人"的结构框架，努力打造行之有效的专业团队，为学校"三全育人"的组织开展、进步发展筑牢基础。学校应从不同层次的组织结构中进一步加强思政团队的专业化建设，如在学校层面成立"三全育人"工作领导小组，由党委书记担任主要负责人，全面负责学校整体思想政治工作，强化对学校思政工作的统一领导、统一部署和统一落实，形成上下协同，充满活力的"大思政"格局。另一方面，高职院校各二级学院以及相关职能处室在思想上应高度重视"三全育人"的大思政格局对学生身心发展的重要意义，牢固树立"三全育人"理念，在实践行动上开展富有价值性、引领性的实践活动。同时完善学科培养体系、人才培养方案和专业课程设置方案，充分发掘不同学科的思政元素，把学生的思想道德状况纳入课程评价体系、学科实践体系和人才培育体系中去，使中国特色社会主义理论体系内化于心，外化于行。

（二）继续统筹资源，优化配置

统筹资源是为了更好更高效地推进高职院校"三全育人"的各项措施，以培养数以亿计德技并修的技术技能人才，优化配置可以使我们的投入产出趋于理想化的状态，人尽其才，物尽其用，能在最大程度上发挥"三全育人"体系的作用。课程思政与思政课程两者都承担着育人成才的神圣使命，在理论层面两者不可分割，高职院校专业知识技能本身就具有格物致知的专业精神与经世致用思想觉悟。在实践逻辑上两者相辅相成，在正确的价值观念引领之下才会有实践领域不断地技术创新和技术突破。因此，在"三全育人"的教育体系之下两者应同向同行，同频共振。

一方面，专业课教师应转变教学观念，中国特色社会主义理论认同教育并非思想政治理论课教师独有的教学任务，而是所有教师共同的职责使命。另一方面，专业知识不仅具有技能教学的属性，同时也有教化育人的精神属性与人文价值。任何学科从创立发展到走向成熟，都凝聚着数辈人的心血与努力，其中的价值理念、思政元素是支撑学科不断向前推进的力量源泉。为此，专业课教师应努力树立课程思政意识，明确"三全育人"理念对学生终身发展的意义，将思政元素潜移默化地渗透到课堂中去，润物无声地融入学生的思想之中。对于教学实践中出现的新情况、新问题，学校全体教职工都有义务给予相关的技术支持，让思政元素成为专业课教师教学的创新点、亮点，而非盲点、困惑点，防止出现课程思政与思政课程两张皮的现象。

（三）打造五育并举的全方位人才培养体系

新时代五育并举是根据新时代教育环境特点和教育发展规律提出的教育理念与方法，具有与时俱进的时代特征。一是德育在五育之中居于首要位置。立德树人是教育的根本任务，高职院校要将学生的品德教育，尤其是专业发展所需的思想教育摆在首要位置，贯穿于教育教学全过程，不断提高学生的责任意识、服务意识、担当意识、政治意识和大局意识等，培养具有家国情怀、德才兼备的复合型应用型人才。二是智育是五育之中的关键因素。在人才评价标准中，才能常常与品德相提并论，要求德才兼备。如果没有精湛娴熟的专业技术技能，职业道德培养的社会价值就难以实现。只有强化智育思想的主流作用才能实现知识技能的最大增益，推动人才的高质量地培养和发展。三是体美劳在人才培养教育中具有协调作用。从内容来看，体美劳三育蕴含着丰富的教育内容，具有多元化的表现形式。只有三者协调发展，协同推动思想政治教育才会有温度、有质感、有活力。从实际效果看，体美劳三育是对德育、智育的重要身心保障，能使人才培养更加综合全面。因此，体美劳教育是高职院校思想政治教育的有益补充。四是"全面并举"是高职院校人才培养的战略举措。十九大报告指出：新时代我国社会主要矛盾是人民日益增长的美好生活需要与不平衡不充分发展之间的矛盾[329]。解决这一矛盾就要求高等教育培养出具有综合思维、全面发展能力与创新潜力的出色建设者和优秀接班人。忽视德智体美劳的协调保障作用，我们就难以培养出全面立体、有血有肉的实用人才。因此，高职院校需要全面并举，努力打造全员、全过程、全方位的育人格局，努力开创高职院校"三全育人"的新篇章。

二、构建中国特色社会主义理论认同教育协同机制

高等职业教育是一个复杂庞大的系统工程，在这一系统中必须处理好学校教育、家庭教育和社会教育三要素之间的关系，使三者能够保持高效良性地交流互动，形成家庭、学校与社会三位一体的协同机制，发挥出强大的教育合力，共同致力于大学生身心的健康成长。

（一）建立协同联动机制

在各级党委领导下，要形成党委领导，政府管理，主流媒体和学校等教育部门、城乡社区等社会组织通力合作，全体人民共同参与的工作格局。一是建立多元主体参与的协同机制。开展中国特色社会主义理论认同教育是推动马克思主义中国化时代化的重要举措，需要发挥党组织强大的组织动员优势，统筹相关部门，整合社会各方面力量，促进多元主体协同配合，形成全国各族人民共同参与的局面。二是各级党组织和

政府要不断推进上下协同联动，完善中国特色社会主义理论认同教育的各项制度，运用国家力量落实中国特色社会主义理论体系普及计划，增强中国特色社会主义理论认同教育成效[330]。三是建立信息沟通交流机制。中国特色社会主义理论认同教育的重心在于学校、家庭和社会三位一体配合联动，建立多元主体沟通交流的渠道是前提条件，在上级党委和政府的统筹领导下，三方应定期召开协调会议，交流教育经验，共享工作信息，加强各主体间的相互关照和有效融合，以形成上下贯通的互动机制。

（二）发挥学校教育的主渠道作用

家庭教育、社会教育具有潜移默化、深远持久的特点。学生未进入校园，就已经受到家庭教育的影响，尤其青少年时期是学生思想品德与行为规范形成的黄金期。当学生离开学校后并不意味着学习的终止，在社会上同样要继续锤炼本领，增长见识，磨炼心性。目前，学校教育依然满足不了人民群众期盼。为此，学校应努力做好桥梁作用，在新生入学阶段做好入学教育、军训教育和理想信念教育的学习目标及规划、行为规范的学习，促进大学生身心健康；学业中期阶段，明确中期考核的目标要求，通过量化考核对学生的学习成绩、思想状况、实践经历、科研潜力及未来发展给予客观公正的评价及建议；实习就业阶段，做好相应的职业技能培训，同时开展企业文化等相关讲座及论坛，让学生从思想上、行为上做好从学校步入社会的准备，以保证人才培养不间断，不脱节。

（三）加强家校合作

家庭是青少年人生的第一个课堂，家长是第一任教师。学校要与家长建立高效畅通的交流渠道，搭建起学校、家庭和社会合作互动的中国特色社会主义理论认同教育机制。一是加强各级政府对家庭教育的支持。各地政府应组织有关部门制定家庭教育指导服务工作规范和评估规范，编写家庭教育指导读本，建设家庭教育信息化共享平台，开设线上公益性家长学校，为家长提供免费网络课程和热线电话服务。二是建立多层次家庭教育指导机构。依据《家庭教育促进法》等相关法律规定，由县级以上地方人民政府组建家庭教育指导机构，社区、学校分别组建社区家长学校和学校家长学校，各级家庭教育指导机构为家长提供有针对性指导，传授科学、先进的家庭教育理念、教育方法以及教育内容，指导家长言传身教，相机而教，培养子女的家国情怀，增强中国特色社会主义理论认同。三是整合家校协同合力。在家庭和学校之间建立微信、QQ 和钉钉等沟通交流的平台，同时建立和完善教师与家长定期联系的机制，双向及时通报学生在家校的学习、生活表现及思想状况。学校可以发放寒暑假亲子实践手册，布置需要亲子共同完成的实践任务，比如观看主旋律影视剧、阅读红色书籍、参观爱国主义教育基地以及志愿者服务活动等，反馈任务完成情况，并对优秀作业进行表扬奖励，鼓励督促家长积极参与学校协同育人，促进青少年健康成长[331]。

（四）大力发挥社会协同教育作用

城乡社区教育是开展中国特色社会主义理论认同教育的有效途径之一，居民委员会和村民委员会可以为此提供物质空间、基础设施、师资队伍和文体活动等基本条件。一是设立城乡社区家长学校。居民委员会和村民委员会应设立城乡社区家长学校，配合学校共同为辖区内居民、村民提供家庭教育指导，强化家长的家庭教育观念，倡导家长营造良好的家庭教育环境。二是开办好市民学校、六点半课堂。居民委员会和村民委员会应充分利用社区图书馆、活动室等公共服务设施开办六点半课堂和市民学校，通过开展国家通用语言教育、爱国主义教育、道德教育和实践活动，弘扬中华优秀传统文化和社会主义核心价值观，引导大学生认知认同中国特色社会主义。三是开展好全覆盖宣讲和专项宣讲。将中国特色社会主义理论认同教育纳入全民宣传教育，城乡社区应借助社区广播电视以及"两微一端"等媒体、悬挂横幅、摆放展板、发放口袋书，面向辖区青年大学生常态化开展中国特色社会主义理论认同教育，强化大学生"四个自信"。四是在社区层面开展先进家庭评选，定期评选注重家庭教育的先进家庭，大力宣传家庭、家教和家风建设中的先进典型事迹，促进积极健康的家庭文化建设，为中国特色社会主义理论认同教育营造良好的社会环境。

三、完善中国特色社会主义理论认同教育保障机制

中国特色社会主义理论认同教育保障机制是中国特色社会主义理论认同教育工作开展的制度保障。一方面，完善教育保障机制为"理论认同教育"提供制度化、理论化的思想基础。另一方面，完善教育保障机制又可以为"理论认同教育"提供必要的物质支持、实践指导。因此，建立健全相应的保障机制是高职院校全员、全程、全方位开展"理论认同教育"的理论基础与逻辑前提。

（一）加强"理论认同教育"的制度保障

为了推进高职院校稳步健康发展，确保思想政治教育目标的实现，要加强中国特色社会主义理论认同教育制度建设。一是加强法律规范体系建设。我国《宪法》《民法典》《教育法》《职业教育法》《教师法》以及《家庭教育促进法》等法律中都规定国家、学校、家庭、社会应当开展各种教育，尤其是思想政治教育；教师应当对学生进行爱国主义教育、民族团结教育以及法制和品德教育；学生应当遵守法律法规，养成良好道德品质[332]。为解决"理论认同教育"存在的立法缺失、立法位阶低和内容抽象等问题，应推动"中国特色社会主义理论认同教育"入法，提高相关立法层次和立法的可操作性，并将增强中国特色社会主义理论认同、理论自信落实到法律实施层面，将国家法律内化为学校管理制度，全面开展法治宣传教育，实施依法治校[333]。二是加强"理论

认同教育"制度的系统性设计和整体建构。党的十八大以来，中共中央、国务院和教育部先后出台了《高等学校思想政治理论课建设标准》《关于加强和改进新形势下高校思想政治工作的意见》《关于全面深化新时代教师队伍建设改革的意见》《关于深化新时代学校思想政治理论课改革创新的若干意见》等政策文件，各地教育主管部门要加强制度的执行，各级各类学校要做好制度的实施。具体而言，各高职院校要深入学习、研究党的二十大报告中对制度建设提出的要求，积极探索"健全用党的创新理论武装全党、教育人民、指导实践工作体系"，"推动理想信念教育常态化制度化"[334]；加强教育行政部门、各地教育主管部门和学校三级"手拉手集体备课"平台建设，大中小学一体化思政教育联盟建设，高职院校党建＋思想政治教育研究组织建设等，促进中国特色社会主义理论认同教育理论与实践的统一；全面落实党委领导在思想政治工作中的主体责任，明确部门责任以及思想政治工作的个体责任，建立健全"理论认同教育"的学习教育制度、课程建设标准和工作制度等[335]，确保"理论认同教育"工作有章可循。

（二）加强经费投入保障

开展"理论认同教育"需要经费支持，经费是开展教育活动的保障。从宏观层面看，一是加大财政拨款的力度。各级政府要对开展思想政治教育的资金纳入财政预算，制定合理的比例，并做到专款专用。二是倡导社会捐资助学，多渠道筹集资金，促进投资主体多元化。三是设立大中小学思政课一体化建设等专项基金和奖励基金，用于跨学段思政课教学理论和实践改革创新以及先进集体和个人的表彰奖励。从微观层面看，各高职院校要将"理论认同教育"需要经费投入列入学校财务预算，保障经常性理论教育、宣传教育、社会考察、实践调研、购买图书资料、音像设备资料、室内外场地和设备设施、师资培训等经费，尤其在智慧教室、数字化展览馆、VR教学展示厅等应用工具配备上加大经费投入，为深耕数字化教学提供设备设施保障。

四、建构中国特色社会主义理论认同教育的运行机制

我国已制定系统的思想政治教育的制度体系，为了提高制度运行的效率，需要构建相应的中国特色社会主义理论认同教育的运行机制。一是建构制度（政策）对接机制。党和国家制定的"理论认同教育"制度性顶层设计要落实到位，需要根据各地、各单位的实际，制定或修订地方法规、部门规章，制定、完善具体操作规则和程序，既坚持全国一盘棋又兼顾地方和主体的差异性，推动顶层设计与地方制度和政策的衔接以及"理论认同教育"的主体性制度和政策之间的相互衔接。二是强化政策和制度的宣传教育。学校、社区等教育主体需要制定自上而下逐层推进的宣传教育方案，通过课堂教学、入户宣传和实践教学等多种形式，不断提高各族大学生对"理论认同教育"政策的认知和认同，形成维护政策权威的自觉性。三是创新制度和政策执行方式。提高大学生中国特色社会主义理论认同，创新制度和政策执行方式是抓手，有助于完善"理论认同教育"运行机制。一方面将互联网＋教育、"两微一端"和短视频等新媒体、仿真训练等新技术手段运用于制度和政策的宣传教育。另一方面，运用互联网、大数据和区块链等技术赋能社会治理，不断提高数字化教学水平，技术驱动"理论认同教育"的优化和升级[336]。

五、优化教育评价反馈机制

教育评价反馈制度是促进思想政治教育科学化的有效方法与途径，也是检验高职院校"理论认同教育"在多大程度上达到预期目标的重要参照标准，它关系到学校人才培养质量的提升，同时也是对学校的行政能力、管理能力等方面的一大检验。优化教育评价反馈制度将有助于高职院校治理体系和治理能力现代化建设[337]。

（一）积极寻求构建"理论认同教育"主客体双向沟通机制

教育评价与反馈是对一定教学阶段的教学活动、教育行为的客观总结，在这一过程中师生互为主客体，就双方的真实体验感受做出客观全面的描述与表态。在这一过程中教师作为教学活动的实施者要积极主动地寻求构建"理论认同教育"双向沟通机制。一方面，作为"理论认同教育"主体的教师要积极主动地与学生进行深入沟通交流，通过开展师生面对面座谈、发放调查问卷、线上讨论等多种方式倾听学生的心声，获得学生对"理论认同教育"的客观评价与真实反馈。另一方面，作为"理论认同教育"客体的学生要提高自身的主人翁意识和重视程度，通过合理的渠道与方式反映自身的诉求，将个人的思想、心理和行为等方面动态反馈给教师。此外，各二级学院及相关的职能处室要建立线上线下的信息沟通渠道，及时审议学生所提出的意见或是建议，尽快回应学生所提出的合理诉求，并拟定相关的解决方案。

（二）牢牢把握住评价方式这个关键因素

评价标准是指依据相关的教育法律法规，遵循学生身心发展的客观规律，在结合学校特色的基础之上所设置的规范与章程，而评价方法则是根据评价目的等多种因素采取的相关评判方法。在"理论认同教育"的评价与反馈中既要做到科学性，同时又要与时俱进、灵活变通。丰富表达形式能在最大程度上达到预期的目标，同时评价方式的多元化也是保证评价反馈可信度的重要因素。

高职院校"理论认同教育"效果评估的考核侧重于党的领导机制落实情况、多部门协同育人、教学方法优化、师资队伍建设、激励与监督等方面。对教师和学生的评价坚持过程性评价与总结性评价相结合，师生的身心发展存在着阶段性特征，具有动态化的特点。因此，在关注总结性评价同时，要充分考虑师生所作出的努力与改变，在这一过程中要坚持定量分析与定性分析方法相结合，感性认识与理性评价相统一。既有原则又不失去灵活，让评价过程与评价结果富有温度，富有人性化，从而为接下来的反馈分析与改进措施提供最真实、客观的前期依据。

（三）发挥评价反馈的正向导向及激励作用

一方面，要定期开展"理论认同教育"评估反馈。高职院校思想政治教育质量评价涉及学校的组织管理、教育教学等诸多要素，是新时代高职院校治理体系和治理能力现代化的重要载体。为使考核评价机制得以高速运转，高职院校应明确各方责任，建立科学规范的评估指标体系，制定实施具有可操作性的评估办法，做出全面、客观和公正的评价，并将评估报告及时向有关部门或个人反馈，公布评价结果。另一方面，要建立激励和约束机制。评估对象要提高思想认识，认真对待评估结果，层层压实责任。要对标对表评价指标体系，积极发现问题和短板，查明症结和根源，制定整改措施，并加强自查自纠，以评促改。对于评估结果好的单位和个人要树立先进典型和样板，进行物质和精神奖励，加大宣传报道力度，组织其他单位参观交流，相互取长补短，为改进"理论认同教育"提供可以借鉴的经验[338]。

当前，新时代高职院校教育改革如火如荼，高校立德树人、育人成才的根本任务和培育时代新人同源同流，构建和完善高职院校大学生中国特色社会主义理论认同教育质量评价体系，需要处理好评价体系的标准是什么、包含哪些要素等问题，要不断学习领悟新时代高职院校思想政治教育工作质量评价的价值内涵、时代特点、主要内容。在此基础上，科学准确地把握高职院校思想政治教育工作评价的发展趋势，逐渐形成学术共同体，推动教育评价理论与实践不断深入和发展。

结　语

　　习近平总书记指出:"在全面建设社会主义现代化国家新征程中,职业教育前途广阔、大有可为。"高职院校是我们职业教育体系中的重要组成部分,是构建现代职业教育体系的关键一环,是培养了我国高层次应用型人才的摇篮。我国高等职业院校的培养的目标就是培养更多高素质技术技能人才、能工巧匠、大国工匠,为全面建设社会主义现代化国家、实现中华民族伟大复兴的中国梦提供有力人才和技能支撑。身处新时代的高职院校大学生是未来社会主义事业的建设者和接班人,他们的人生黄金法则期正好与实现"两个一百年"奋斗目标时期高度吻合,他们是这个时代的亲历者、见证者、享有者。

　　本书坚持以辩证唯物主义和历史唯物主义为指导,坚持以习近平新时代中国特色社会主义思想为指导,采取文献资料法、调查研究法、定量研究法和多学科知识综合运用法,按照问题的提出—研究框架设计—文献资料的收集整理—构建评价体系、设计调查问卷—选取有代表性的高职院校发放电子问卷、个案访谈、听取专家意见、收集云班课等教学平台的大数据—数据的挖掘整理—概括、分析现状、发现影响因素—提出对策建议的思路开展研究。首先,在研究和借鉴马克思主义基本原理、思想政治教育等理论基础上,界定中国特色社会主义理论认同的内涵,分析高职院校理论认同教育的机理。其次,以高职院校的大学生为调查对象,进行多层次抽样调查,收集云班课等教学平台的大数据来观察学生在思政课教学中的参与情况以及认知情况,描述大学生中国特色社会主义理论认同的总体状况,分析存在的问题及影响因素,为优化"理论认同教育"提供现实依据。最后,提出强化高职院校大学生中国特色社会主义理论认同教育的对策和建议。

　　本书得出以下基本结论：第一，高职院校大学生中国特色社会主义的理论来源于：马克思主义意识形态教育理论、中华优秀传统文化中的"理论认同教育"内容以及心理学、政治学、社会学、文化学和传播学等其他学科的理论与内容。第二，高职院校大学生中国特色社会主义理论认同教育的历史发展分为：以"中国社会主义建设"为核心的认同教育阶段，以邓小平理论、"三个代表"重要思想和科学发展观为核心的认同教育阶段，以中国特色社会主义理论体系为核心的认同教育阶段，以习近平新时代中国特色社会主义思想为核心的认同教育四个阶段。第三，通过对于高职院校大学生中国特色社会主义认同教育历史的分析，可以得出以下基本经验：一是坚持马克思主义指导，二是坚持党的全面领导，三是落实立德树人根本任务，四是坚持理论与实践相结合，五是坚持教学与科研的相互促进，六是发挥教师主导和学生主体在教学中的协调作用。第四，高职院校大学生中国特色社会主义理论心理认同包括认知认同、情感认同、价值认同和行为认同。第五，高职院校大学生中国特色社会主义理论认同存在理论上对中国特色社会主义理论体系认知不够深入，实践上对中国特色社会主义理论体系的体验不够真切，情感上对中国特色社会主义理论体系的共鸣，价值上对中国特色社会主义理论体系的价值认同不够准确等问题。第五，高职院校大学生中国特色社会主义理论认同教育包括思想政治观念教育、中国特色社会主义理论教育、行为规范教育、精神品格教育、心理情感教育等形态。第六，高职院校大学生中国特色社会主义理论认同教育的方法体系创新包括：实施探究式教学提升认知水平，注重情感体验增强情感认同，运用混合式教学方法等。第七，加强高职院校大学生中国特色社会主义理论认同教育，需要进行理论整合、方法体系创新、途径载体优选、队伍建设、环境系统优化和教育机制建设等。

　　本书主要探索体现在以下两个方面：一方面是研究方法上的创新。本研究通过问卷调查，对高职院校大学生中国特色社会主义理论认同现状及其影响因素进行实证分析，并运用结构方程、差异性分析、相关性分析以及 Logistic 模型分析等定量分析方法，丰富了该问题的研究方法，具有一定的创新性。另一方面，实践方面的创新。本研究从高职院校大学生所具有的认知特点和规律出发，提出有效的教育目标、教育内容、教育方法、教育途径载体、教师队伍建设、教育环境和教育机制建设的对策建议，这是新时代中国特色社会主义理论认同教育的创新。

本书的不足主要有两个方面：一方面，由于受新冠肺炎疫情的影响，近年来高职院校都采取闭环管理，调查问卷发放和回收存在一些困难，个别高职院校完成调查问卷质量不高，在一定程度上影响了实证分析的结论。另一方面，受本人理论水平的限制，对中国特色社会主义理论认同教育的研究仍不够深入，有待于从更宽阔的视野出发进一步完善。

受时间、资料、研究方法和研究的复杂性以及本人能力和研究水平的限制，本书仍有一些方面有待于进一步研究和完善：一方面，对高职院校大学生中国特色社会主义理论认同及理论认同教育机理研究有待进一步深入，可以分别从心理学"知—情—意—行"四个阶段进行对比分析，找到与之相对应的理论认同教育的逻辑层次，对不同学段认同教育的内容进行详尽分析，从中找到螺旋上升的规律。另一方面，在研究方法上，尝试建立中国特色社会主义理论认同教育效果的评价指标体系，在科学评价的基础上为其他实证研究奠定基础。在对中国特色社会主义理论认同影响因素的实证分析上可以尝试对调查问卷进行修订，构建结构方程得到更多变量分析的结果。

附件

中国特色社会主义理论认同教育调查问卷

各位同学：

　　大家好！

　　本次问卷调查旨在了解高校大学生对中国特色社会主义理论体系的认知、认同现状。本调查不用填写姓名，答案也无对错之分，所得数据仅用于科学研究。衷心感谢您对本次调查的大力支持！

1. 您的性别是（　　　）。

A. 男　　　　　　　B. 女

2. 您目前所在的年级是（　　　）。

A. 大一　　　　B. 大二　　　　C. 大三　　　　D. 大四

3. 您学习的专业属于（　　　）。

A. 理工科类　　B. 文史哲类　　C. 经济工商管理类　　D. 其他

4. 您是否是学生干部（　　　）。

A. 是　　　　　　　B. 否

5. 您的政治面貌是（　　　）。

A. 中共党员（含预备党员）　　　B. 入党积极分子　　　C. 共青团员

D. 群众　　　　　E. 其他

6. 您来自（　　　）。

A. 省会城市　　　　　　　B. 地级市

C. 县级市或县城　　　　　D. 乡镇、农村或牧区

7. 您的家庭经济收入（单位：万元/年）（　　　）。

A. <1　　　　B. 1—5　　　　C. 6—10　　　　D. 11—20

E. 21—50　　　F. >50

8. 您对中国特色社会主义理论体系和各种社会思潮的知晓情况（请给您同意的选项打√）

序号	题目	非常了解	比较了解	中立	不太了解	不了解
1	中国特色社会主义理论体系					
2	新自由主义					
3	历史虚无主义					
4	民主社会主义					
5	民粹主义					
6	其他					

9. 您对中国特色社会主义理论体系和各种社会思潮的认同（认可赞同）情况（请给您同意的选项打√）

序号	题目	非常赞成	比较赞成	中立	比较反对	非常反对
1	中国特色社会主义理论体系					
2	新自由主义					
3	历史虚无主义					
4	民主社会主义					
5	民粹主义					
6	其他					

10. 您对中国特色社会主义理论体系观点的认同情况（请给您同意的选项打√）

序号	题目	非常赞成	比较赞成	中立	比较反对	非常反对
1	只有社会主义才能救中国，只有中国特色社会主义才能发展中国					
2	中国特色社会主义制度具有强大的生命力和巨大的优越性					

序号	题目	非常赞成	比较赞成	中立	比较反对	非常反对
3	只有改革开放中国才有出路，改革开放只有进行时没有完成时					
4	让市场在资源配置中起决定性作用，意味着不需要政府的作用					
5	中国特色社会主义是中国为发展中国家走向现代化贡献的中国智慧和中国方案					
6	目前我国的国际地位是中等发达国家					
7	实现中国梦必须走中国道路，这就是中国特色社会主义道路					
8	创新、协调、绿色、开放和共享的新发展理念中，协调是引领发展的第一动力					
9	在中国共产党的坚强领导下，充分发挥中国特色社会主义制度优势，紧紧依靠人民群众，我国一定能够战胜新型冠状病毒感染的肺炎疫情					

11. 不同载体对您认同中国特色社会主义理论体系中发挥的作用（请给您同意的选项打√）

序号	载体	非常积极的作用	比较积极的作用	一般	比较消极的作用	消极作用
1	书籍					
2	报纸杂志					
3	广播电视					
4	宣传板报					
5	内部文件					

序号	载体	非常积极的作用	比较积极的作用	一般	比较消极的作用	消极作用
6	朋友家人					
7	政府宣传					
8	课堂讲授、讲座					
9	电影					
10	网络					
11	微信					
12	手机短信					
13	QQ					
14	微博					

12. 不同渠道对您认同中国特色社会主义理论体系中发挥的作用（请给您同意的选项打√）

序号	渠道	作用非常大	作用较大	一般	作用较小	完全没用
1	思想政治理论课					
2	生产实践和社会实践					
3	专家讲座					
4	专业课和通识课					
5	网络					
6	报刊、书籍					
7	广播、电视					
8	党、团和学生会组织开展的教育活动					
9	自主开展的学习活动					
10	班级日常教育管理					

13. 您认为自己日常的生活态度（　　　　）。

A. 非常积极　　　　B. 比较积极　　　　　　C. 一般　　　　　　D. 不太积极

E. 消极

14. 您对自己生活的满意程度 (   )。

A. 非常满意   B. 比较满意   C. 一般   D. 不太满意

E. 不满意

15. 您认为自己的人生目标是否明确 (   )。

A. 非常明确   B. 比较明确   C. 一般   D. 不太明确

E. 不明确

16. 您对我国当前政治形势的看法是 (   )。

A. 非常稳定   B. 比较稳定   C. 一般   D. 不太稳定

E. 不稳定

17. 您对党中央领导集体推出一系列经济建设重要举措的看法是 (   )。

A. 非常好   B. 比较好   C. 一般   D. 不太好

E. 不好

18. 您对当前党和国家的反腐败工作的信心 (   )。

A. 非常有信心   B. 比较有信心   C. 一般   D. 不太有信心

E. 没有信心

19. 您对中国特色社会主义道路的信心 (   )。

A. 非常有信心   B. 比较有信心   C. 一般   D. 不太有信心

E. 没有信心

20. 您对"中国特色社会主义发展"的信心 (   )。

A. 非常有信心   B. 比较有信心   C. 一般   D. 不太有信心

E. 没有信心

21. 中国经济总量已跃居世界第二, 成功实现从低收入国家向中等收入
    国家的跨越。您认为根本原因是什么? (   )

A. 开创和发展了中国特色社会主义道路

B. 发展非公经济、搞市场经济

C. 加入世界贸易组织

D. 不确定

22. 学校教师能够增强您对中国特色社会主义理论体系认同的教学态度、行为（请给您同意的选项打√）

序号	题目	非常赞成	比较赞成	一般	比较反对	非常反对
1	思政教师开课前对所教授学生的中国特色社会主义理论体系的理论素养的实际情况进行调查，开展有针对性的教学					
2	思政教师以问题意识为导向，对学生关心的热点、难点问题进行讲解，答疑解惑					
3	思政教师开展参观、考察社区、部队、工厂、红色教育基地等，演讲、辩论、展演等思政课实践教学					
4	思政教师利用新媒体等网络管理与教育平台开展混合式教学					
5	思政教师运用理论知识指导大学生社会实践					
6	思政教师参与、指导党团、社团活动以及校园文化活动					
7	思政教师在生产场所指导生产实践活动、开展思政教育					
8	学校教师品格高尚、学识渊博和作风严谨					
9	专业课、通识课教师挖掘其他课程的思政资源，进行全员全程全方位育人					

23. 您认为加强大学生中国特色社会主义理论体系认同的教育方式有哪些（多选）（   ）。

A. 净化网络媒体、强化正面教育

B. 参加社会实践

C. 改革并强化学校课程教育教学

D. 出台相关法律法规

E. 提高学生自身修养

F. 加强教师队伍建设、提高思想政治素质

G. 加强党建、团建及党员教育、团员教育

H. 其他

24. 您对增强中国特色社会主义理论认同教育有什么建议?

_____

_____

_____

_____

注　释

［134］《马克思恩格斯选集》第 1 卷，人民出版社 2012 年版，第 400 页。

［135］《共产党宣言》，人民出版社 2018 年版，第 41—42 页。

［136］《马克思恩格斯选集》第 1 卷，人民出版社 2012 年版，第 168 页。

［252］《马克思恩格斯选集》第 4 卷，人民出版社 1995 年版，第 681 页。

［254］《马克思恩格斯全集》第 3 卷，人民出版社 1960 年版，第 544 页。

［137］［139］［140］［142］［143］《列宁专题文集：论无产阶级政党》，人民出版社 2009 年版，第 70、76—77、76—77、288、279 页。

［138］《列宁全集》第 7 卷，人民出版社 1986 年版，第 41 页。

［141］《列宁全集》第 1 卷，人民出版社 1995 年版，第 352 页。

［144］《列宁选集》第 3 卷，人民出版社 1972 年版，第 462 页。

［145］《毛泽东选集》第 3 卷，人民出版社 1991 年版，第 820 页。

［146］［161］《毛泽东文集》第 7 卷，人民出版社 1999 年版，第 193、209 页。

［168］《江泽民文选》第 1 卷，人民出版社 2006 年版，第 218 页。

［169］［170］《邓小平文选》第 2 卷，人民出版社 1994 年版，第 104、408 页。

［1］［178］［329］习近平：《决胜全面建成小康社会夺取新时代中国特色社会主义伟大胜利——在中国共产党第十九次全国代表大会上的报告》，《人民日报》2017 年 10 月 28 日。

［2］习近平：《在庆祝改革开放 40 周年大会上的讲话》，人民出版社 2018 年版。

［3］习近平：《在庆祝中国共产党成立 100 周年大会上的讲话》，《人民日报》2021 年 7 月 2 日。

［106］习近平：《加快构建现代职业教育体系培养更多高素质技术技能人才、能工巧匠、大国工匠》，新华社 2021 年 4 月 13 日讯。

［128］习近平：《在庆祝中国共产党成立 95 周年大会上的讲话》，《人民日报》2016 年 7 月 2 日。

［155］《在庆祝全国人民代表大会成立 60 周年大会上的讲话》，北京人民出版社 2014 年版，第 6 页。

［149］《习近平关于全面建成小康社会论述摘编》，中央文献出版社 2016 年版，第 121 页。

［129］［160］［164］［318］［321］《习近平谈治国理政》（第 3 卷），外文出版社 2020 年版，第 298、54、31、329、329 页。

［156］《习近平谈治国理政》（第 4 卷），外文出版社 2022 年版，第 47 页。

［159］习近平：《在教育文化卫生体育领域专家代表座谈会上的讲话》，人民出版社 2020 年版，第 2 页。

［162］《习近平谈治国理政》，外文出版社 2014 年版，第 240 页。

［166］《习近平关于青少年和共青团工作论述摘编》，中央文献出版社 2017 年版，第 6 页。

［179］［183］［187］［188］［217］《习近平主持召开学校思想政治理论课教师座谈会强调：用新时代中国特色社会主义思想铸魂育人贯彻党的教育方针落实立德树人根本任务》，《人民日报》2019 年 3 月 19 日。

［184］《习近平在北京大学师生座谈会上的讲话》，人民出版社 2014 年版，第 2—3 页。

［319］［322］习近平：《思政课是落实立德树人根本任务的关键课程》，人民出版社 2020 年版，第 8 页。

［323］［325］《习近平谈治国理政》（第 2 卷），外文出版社 2017 年版，第 397、306 页。

［324］习近平：《在党史学习教育动员大会上的讲话》，人民出版社 2021 年版，第 26 页。

［327］习近平：《把思想政治工作贯穿教育教学全过程　开创我国高等教育事业发展新局面》，《人民日报》2016 年 12 月 9 日。

［4］［130］［157］［253］《中国共产党第二十次全国代表大会文件汇编》，人民出版社 2022 年版，第 1—59 页。

［5］《十七大以来重要文献选编》（上），中央文献出版社 2009 年版，第 26 页。

［6］［163］［177］《十八大以来重要文献选编》（上），中央文献出版社 2013 年版，第 24、460、24—25 页。

［148］《十八大以来重要文献选编》（中），中央文献出版社 2016 年版，第 119 页。

［7］《中国共产党第二十次全国代表大会文件汇编》，人民出版社 2022 年版，第 70—108 页。

［120］《中国共产党第十九届中央委员会第四次全体会议文件汇编》，人民出版社 2019 年版，第 43 页。

［8］［15］赵曜：《论"理论体系"》，《中国特色社会主义研究》2008 年第 2 期。

［9］齐卫平：《邓小平对中国特色社会主义理论体系形成的贡献》，《社会主义研究》2022 年第 2 期。

［10］韩喜平、刘一帆：《新时代马克思主义中国化新的飞跃的内在逻辑》，《学术研究》2022 年第 1 期。

［11］［21］秦刚：《"理论体系"的源流》，《中共中央党校学报》2009 年第 2 期。

［12］徐崇温：《"理论体系"形成和发展的思想前提》，《中国特色社会主义研究》2009 年第 2 期。

［13］王爱平：《中国特色社会主义理论体系的特性》，《理论前沿》2008 年第 12 期。

［14］李曼：《新时代视域下中国特色社会主义理论体系的历史地位》，《中学政治教学参考》2020 年第 21 期。

［16］严书翰：《"理论体系"的几个问题》，《中共中央党校学报》2009 年第 2 期。

［17］孙堂厚：《中国特色社会主义理论体系内容结构及其逻辑关系》，《思想理论教育导刊》2009 年第 2 期。

［18］贾建芳：《毛泽东思想与中国特色社会主义理论体系》，《科学社会主义》2008 年第 2 期。

［19］聂运麟：《论中国特色社会主义理论体系》，《马克思主义研究》2008 年第 4 期。

［20］顾海良：《理解中国特色社会主义理论体系的基本视域》，《中国高等教育》2009 年第 2 期。

［22］荣开明：《中国特色社会主义理论体系内容结构解读》，《学习月刊》2007 年第 12 期。

［23］庄前生：《关于中国特色社会主义理论体系创新的若干构想》，《马克思主义研究》2006 年第 12 期。

［24］郑又贤：《关于中国特色社会主义理论体系主要特征的辩证思考》，《马克思主义研究》2008 年第 12 期。

［25］史家亮：《中国特色社会主义理论体系的鲜明特征》，《中共福建省委党校学报》2008 年第 1 期。

［26］韩振峰：《中国特色社会主义理论体系及其历史地位》，《中共石家庄市委党校学报》2008 年第 1 期。

［27］何毅亭：《论中国特色社会主义理论体系》，《光明日报》2007 年 11 月 15 日。

［28］谭顺：《中国特色社会主义理论的"特色"内涵及其时代演进》，《中共成都市委党校学报》2021 年第 5 期。

［29］黄小兵、朱绍英：《中国特色社会主义理论体系：主要历程、基本动力与价值特色》，《湖南师范大学社会科学学报》2022 年第 4 期。

［30］羊展文：《论构建大学生"四个自信"认同机制的实现路径》，《广西教育》2017 年第 5 期。

［31］［60］［127］ 吴雪莹：《当代大学生中国特色社会主义理论体系认同研究》，郑州大学硕士学位论文，2018 年。

［32］［40］［47］［51］［58］［73］［212］［213］［226］邢鹏飞：《大学生中国特色社会主义理论体系认同研究》，社会科学文献出版社 2019 年版，第 12—13、163—197、184、57—81、113—120、17—26、892—902、903—906、143—146 页。

［33］［68］林竹：《加强大学生中国特色社会主义理论认同教育研究》，东北师范大学硕士学位论文，2017 年。

［34］［38］刘洁：《当代大学生中国特色社会主义理论体系接受问题研究》，大连理工大学博士学位论文，2015 年。

［35］［284］［292］ 佘双好、李秀：《关于思想政治教育途径、载体、方法关系的思考》，《马克思主义理论学科研究》2016 年第 1 期。

［36］佘双好：《大学生获取中国特色社会主义理论体系的途径和载体研究》，《思想政治教育研究》2015 年第 5 期。

［37］于欧：《中国特色社会主义理论体系普及载体研究》，武汉大学博士论文，2017 年。

［39］［202］［224］徐瑞鸿：《大学生"理论体系"教育链研究》，电子科技大学博士学位论文，2017 年。

［41］李丹、迟海晟、马旭：《对大学生进行中国特色社会主义大众化教育的新探索》，《思想政治教育研究》2014 年第 4 期。

［42］万美容：《用中国特色社会主义理论体系武装教育青年的方法论思考》，《思想政治教育研究》2010年第1期。

［43］任仲平：《凝聚在伟大旗帜下——中国特色社会主义理论体系武装全党、教育人民》，《人民日报》2008年4月8日。

［44］［55］［65］［227］刘海：《加强高校中国特色社会主义理论教育研究》，西安工业大学硕士学位论文，2015年。

［45］范全欢、李盼盼：《思想政治教育与中国特色社会主义理论体系教育的融合》，《长江丛刊》（理论研究）2016年第11期。

［46］曾光霞等：《在大学生中推进马克思主义大众化》，《光明日报》2010年3月16日。

［48］刘森、常魏、王涛：《用中国特色社会主义理论体系武装大学生的实现路径探析》，《廊坊师范学院学报》（社会科学版）2013年第6期。

［49］于飞：《论在高校开展中国特色社会主义理论体系教育》，《江南大学学报》（教育科学版）2008年第3期。

［50］赵旌旌：《浅谈对大学生进行中国特色社会主义理论的教育》，《教育探索》2010年第6期。

［52］刘茹：《大学生中国特色社会主义理论体系教育的历史演进及发展趋向》，《潍坊工程职业学院学报》2021年第3期。

［53］苏星鸿：《中国特色社会主义理论体系教育发展研究》，兰州大学博士学位论文，2010年。

［54］陈占安：《"毛泽东思想和中国特色社会主义理论体系概论"教材15年建设的历史回顾与展望》，《高校马克思主义理论研究》2020年第6期。

［56］［66］韩玉霞：《新农村建设中的中国特色社会主义理论教育问题》，郑州大学硕士学位论文，2010年。

［57］［119］佘双好：《中国特色社会主义理论体系普及计划研究报告》，社会科学文献出版社2018年版，第1—2、341—399页。

［59］李秀：《中国特色社会主义理论体系大众化研究》，武汉大学博士学位论文，2017年。

［61］［64］韩柱：《高校中国特色社会主义理论体系教育的若干思考》，《南昌大学学报》2010年第1期。

［62］刘森、常魏、王涛：《用中国特色社会主义理论体系武装大学生的实现

路径探析》，《廊坊师范学院学报》(社会科学版) 2013 年第 6 期。

［63］赵旌旌：《浅谈对大学生进行中国特色社会主义理论的教育》，《教育探索》2010 年第 6 期。

［67］邰凤琳：《党的理论创新与中国特色社会主义理论教育》，《河南教育》2012 年第 11 期。

［69］徐柏才：《用中国特色社会主义理论体系武装大学生的思想》，《中南民族大学学报》(人文社会科学版) 2009 年第 2 期。

［70］朱逸铮：《当代大学生对中国特色社会主义理论体系"三进入"认知与接受状况研究》，第四军医大学硕士学位论文，2015 年。

［71］［220］佘双好、王珺颖：《新时代思想政治理论课建设的新举措与新变化》，《思想理论教育》2020 年第 5 期。

［72］胡芳：《高校单独开设"习近平新时代中国特色社会主义思想概论"课的三重逻辑》，《思想理论教育》2022 年第 8 期。

［74］邱杰：《西南民族地区大学生政治认同教育研究》，中国地质大学硕士学位论文，2014 年。

［75］元修成：《我国多元文化背景下大学生政治认同教育研究》，东北师范大学硕士学位论文，2015 年。

［76］常轶军：《政治认同：习近平新时代中国特色社会主义思想的主线》，《探索》2018 年第 6 期。

［77］［225］辛志军：《当代大学生中国特色社会主义道路认同教育研究》，陕西师范大学博士学位论文，2018 年。

［78］陈春丽：《新疆大学生中国特色社会主义道路认同教育研究》，新疆师范大学硕士学位论文，2017 年。

［79］黄晓宁：《新时代大学生中国特色社会主义道路认同教育研究》，《学校党建与思想教育》2019 年第 8 期。

［80］康惠：《新时代中国特色社会主义制度认同教育研究》，兰州大学硕士学位论文，2021 年。

［81］郭莉：《中国特色社会主义制度认同教育研究》，武汉大学博士学位论文，2015 年。

［82］吴艳华：《新疆少数民族大学生国家认同教育发展研究》，华中师范大学硕士学位论文，2016 年。

［83］杨中启、任娜：《青少年国家认同教育的困境与对策》，《中学政治教学参考》2022 年第 27 期。

［84］王丽敏：《新疆大学生中国特色社会主义认同教育研究》，新疆大学博士学位论文，2015 年。

［85］谭凌骏：《重庆高校少数民族大学生中国特色社会主义认同教育研究》，西南大学硕士学位论文，2019 年。

［86］车文博：《弗洛伊德主义原理选辑》，辽宁人民出版社 1988 年版，第 375 页。

［87］［美］迈克尔·休斯、卡罗琳·克雷勒：《社会学和我们》，周杨、邱文平译，上海社会科学院出版社 2008 年版，第 78 页。

［88］［89］William Bloom, Personal Identity National Identity and International Relations, Cambridge: Cambridge University Press, 1990, pp.27－30, 35－40.

［90］王歆：《认同理论的起源、发展与评述》，《新疆社科论坛》2009 年第 2 期。

［91］［112］Henri Tajfel, Social Identity and Intergroup Relations, Cambridge: Cambridge university press, 1982, p.46.

［92］Tajfel H, Turner. J.C, The Social Identity Theory of Intergroup Behavior, Psychology of Intergroup Relations, Chicago: Nelson Hall, 1986, p.34.

［93］［俄］费奥克蒂斯托夫：《邓小平的著作是"有中国特色社会主义"的理论源泉》，《国外中共党史研究动》1992 年第 1 期。

［94］［俄］季塔连柯：《中共七十年的经验教训》，《国外中共党史研究动态》1992 年第 1 期。

［95］［美］费正清：《伟大的中国革命 1900—1985》，国际文化出版公司 1989 年版，第 327—328 页。

［96］［日］天儿慧：《论邓小平的发展战略》，《国外中共党史研究动态》1991 年第 2 期。

［97］［美］阿里夫·德里克：《后社会主义：论"有中国特色的社会主义"》，《国外中共党史研究动态》1992 年第 4 期。

［98］Harvey, David, *A Brief History of Neoliberalism*, Oxford: Oxford University Press, 2005, p.3.

［99］Elizabeth Perry, *Sixty is new Forty (or it?)*, in William C. Kirby, *The People's Republic of China at 60: an International Assessment*, Cambridge,

MA: Harvard University Press, 2011, p.138.

[100][美]战略与国际研究中心、彼得国际经济研究所:《美国智库眼中的中国崛起》,曹洪洋译,中国发展出版社 2011 年版,第 70 页。

[101] JOHN W., "China's Economy 2018: Stabilizing Slowdown to Gear up for a New Mode of Growth", *East Asian Policy*, No.1, 2018.

[102] INGVILD A. "SHILD A.J. The Cost of a Growth Miracle—Reassessing Price and Poverty Trends in China", *Review of Economic Dynamics*, No.30, 2018.

[103] LOWELL D., "Xi Jinping's 'New Normal': Quo Vadis", *Journal of Chinese Political Science*, No.3, 2017.

[104][美]卡扎米亚斯、马西亚拉斯:《教育的传统与变革》,文化教育出版社 1981 年版,第 191 页。

[105] J.H.Park, "Neuroscientific Challenges to deontological theory: implications to Moral education", *Journal of Ethics*, vol.82, 2011.

[107] 潘海生、杨慧:《党的十八大以来高职教育创新发展的逻辑旨归、行动路径与现实思考》,《教育与职业》2022 年第 20 期。

[108] 李文斌、苏娟、纪杰:《职业性:高职院校思想政治教育类型化发展的路径》,《无锡商业职业技术学院学报》2020 年第 20 期。

[109][111][207][222] 倪瑞华:《思想政治教育认同基本理论研究》,中国民主法制出版社 2021 年版,第 58—88、181—201、301—341、302—311 页。

[110][美]曼纽尔·卡斯特:《认同的力量》,曹荣湘译,社会科学文献出版社 2006 年版,第 5—10 页。

[113] 方旭光:《政治认同的逻辑》,中国社会科学出版社 2018 年版,第 85—118 页。

[114] 杨兰、白苏婷:《认同概念多学科释义与整合》,《人民论坛》2014 年第 12 期。

[115] 周颖:《大学生对中国特色社会主义道路的认同教育研究》,云南大学硕士学位论文,2016 年。

[116] 刘书林:《论思想政治教育的本质——坚守"灌输论"的缘由》,《思想理论教育导刊》2012 年第 10 期。

[117] 王燕晓:《毛泽东的教育思想研究》,中国人民大学博士学位论文,

2003 年。

［118］刘寿祺：《毛泽东同志是伟大的人民教育家》，《湖南教育》1981 年第 1 期。

［121］王怀超：《关于中国特色社会主义理论几个基本问题的思考》，《科学社会主义》2012 年第 2 期。

［122］薛泽洲：《学习中国特色社会主义理论的理想读本——〈时代的呼唤——三中全会以来马克思主义理论在中国的运用和发展〉评介》，《党校科研信息》1991 年第 31 期。

［123］张永华：《实践是中国特色社会主义理论形成的源泉》，《国际共运史研究》1992 年第 4 期。

［124］田克勤：《中国特色社会主义理论的概念演进与体系概括》，《思想理论教育导刊》2011 年第 4 期。

［125］孙武安：《中国特色社会主义相关概念辨析》，《中国特色社会主义研究》2014 年第 4 期。

［126］华文倩：《微时代大学生中国特色社会主义理论认同问题研究》，南京信息工程大学硕士学位论文，2016 年。

［131］翟岩：《马克思主义意识形态的理论演进及当代挑战与应对》，《吉林大学社会科学学报》2021 年第 6 期。

［132］孙夕龙：《马克思恩格斯意识形态理论研究》，北京交通大学博士学位论文，2019 年。

［133］石云霞：《马克思恩格斯意识形态理论的历史发展研究》，《思想教育研究》2012 年第 11 期。

［147］《毛泽东思想和中国特色社会主义理论体系概论》，高等教育出版社2021 年版，第 129 页。

［150］董仲舒：《春秋繁露》，中华书局 1992 年版，第 174 页。

［151］梁丽萍：《中国人的宗教心理》，社会科学文献出版社 2004 年版，第 12 页。

［152］周晓虹：《认同理论：社会学与心理学的分析路径》，《社会科学》2008年第 4 期。

［153］［美］罗森邦：《政治文化》，台北桂冠股份有限公司 1992 年版，第 6 页。

［154］沈蕾、郑嘉禹：《新疆高职大学生中国特色社会主义理论认同教育的实证分析》，《新疆职业教育研究》2021 年第 12 期。

［158］秦刚：《中国特色社会主义理论体系》，中共中央党校出版社 2013 年

版，第 124 页。

［165］郑旺全、赵晓非：《中华民族共同体意识的话语演进与内涵深化——基于"五个认同"建构中华民族共同体意识内涵体系框架》，《民族教育研究》2021 年第 2 期。

［167］本书编写组：《毛泽东思想和中国特色社会主义理论体系概论》，高等教育出版社 2021 年版，第 88—90 页。

［171］［172］［174］［175］教育部社会科学司：《加强和改进大学生思想教育重要文献选编》（1978—2014），知识产权出版社 2015 年版，第 39、129、179、293—299 页。

［173］教育部社会科学司：《普通高校思想政治理论课文献选编》（1949—2006），中国人民大学出版社 2007 年版，第 159—160 页。

［176］谢伏瞻：《习近平新时代中国特色社会主义思想实现了马克思主义中国化新的飞跃》，光明日报 2021 年 12 月 4 日。

［180］兵团日报评论员：《培养什么人　怎样培养人　为谁培养人》，兵团日报（汉）2018 年 10 月 24 日。

［181］袁贵仁：《坚持立德树人　加强社会主义核心价值观教育》，《人民日报》2014 年 5 月 23 日。

［182］本报评论员：《加强党对教育工作的全面领导》，《光明日报》2018 年 9 月 15 日。

［185］黄超、丁雅诵：《培养担当民族复兴大任的时代新人》，《人民日报》2021 年 12 月 10 日。

［186］肖贵清：《教育工作的根本任务》，《光明日报》2018 年 11 月 12 日。

［189］毕红梅、欧玲：《新时代思想政治教育主客体面临的新表征、新质疑及其发展路向》，《思想理论教育》2001 年第 10 期。

［190］骆郁廷：《论思想政治教育主体、客体及其相互关系》，《思想理论教育导刊》2002 年第 4 期。

［191］倪培强：《思想政治教育主体和客体及其辩证关系研究》，《思想教育研究》2019 年第 11 期。

［192］曾令辉：《论新媒体环境下思想政治教育主客体关系的整体性》，《思想教育研究》2019 年第 10 期。

［193］涂志康：《新时代农村社会主义核心价值观培育研究》，西华大学硕士

学位论文，2021年。

［194］马福：《论教育介体对德育有效性的影响》，西安理工大学硕士学位论文，2006年。

［195］张耀灿：《现代思想政治教育学》，人民出版社2006年版，第14—16页。

［196］雷骥：《文化自觉视域下思想政治教育环体的创设》，《学校党建与思想教育》2016年第7期。

［197］纪舒洋：《网络社会大学生思想政治教育心理认同研究》，东北石大学硕士学位论文，2019年。

［198］［210］［219］张俊、王永丽：《大学生社会主义核心价值体系认同的心理机制》，《重庆科技学院学报》2010年第13期。

［199］［200］王珺颖：《社会主义核心价值观情感认同的培育路径》，《思想教育研究》2019年第12期。

［201］瞿祥华：《价值认同视域下大学生社会主义核心价值观践行研究》，《学校党建与思想教育》2021年第4期。

［203］孟茹玉：《论价值认同的生成机制与教育理路》，《思想理论教育》2019年第5期。

［204］刘兴华：《大学生社会主义核心价值观行为认同的内涵及价值》，《学校党建与思想教育》2018年第1期。

［205］刘兴华：《新时代大学生社会主义核心价值观认同培育探索》，《学校党建与思想教育》2019年第5期。

［206］管健、杭宁：《知情意行：四维一体铸牢中华民族共同体意识》，《南开学报》（哲学社会科学版）2021年第6期。

［208］郎维伟、陈瑛、张宁：《中华民族共同体意识与"五个认同"关系研究》，《北方民族大学学报》（哲学社会科学版）2018年第3期。

［209］［215］［218］陆树程、李瑾：《论当代大学生社会主义核心价值体系心理认同机制》，《思想政治教育研究》2009年第1期。

［211］白乾景、任燕红、喻选琼：《中国特色社会主义道路大众认同的心理机制研究》，《延边党校学报》2017年第4期。

［214］［239］张赟、闫忠林、李科：《思政课"八个相统一"功能概析》，《教育评论》2020年第5期。

［216］张爽：《社会主义核心价值观的认同机制研究》，东南大学硕士学位论

文，2014 年。

[221] 廖云霞：《高校思想政治教育途径研究》，安徽财经大学硕士学位论文，2011 年。

[223] 王海建：《"00 后"大学生的群体特点与思想政治教育策略》，《思想理论教育》2018 年第 10 期。

[228] 郑吴志、谭毅：《当代中国社会转型时期经济建设思想的价值冲突与重构》，人民出版社 2014 年版，第 147—156 页。

[229] 万美容、曾兰：《"90 后"大学生精神生活优化与思想政治教育内容体系创新》，《思想教育研究》2014 年第 6 期。

[230] 许阳、祁海珍、周婷：《当代西方社会思潮对大学生思想行为的影响和对策》，《鄂州大学学报》2018 年第 2 期。

[231] 苗国厚：《浅析大学生思想政治教育如何应对西方社会思潮的影响》，《学校党建与思想政治教育》2015 年第 11 期。

[232] 富旭、侯劭勋：《大学生思想政治教育媒介化建构论析——基于对"00 后"大学生思想政治教育新问题的探讨》，《思想理论教育》2019 年第 5 期。

[233] 李紫烨、吕新发：《思想政治教育的转型陷阱与多元重构》，《思想政治工作研究》2016 年第 7 期。

[234][235] 徐瑞鸿、戴钢书：《大学生中国特色社会主义理论体系教育链现状的实证分析——基于四川省 4 所高校的调查》，《广西社会科学》2018 年第 3 期。

[236] 陈月霄：《大学生中国特色社会主义理论认同教育的机理审视与路径选择》，《思想理论教育导刊》2014 年第 4 期。

[237] 朱理鸿、朱焕桃：《高职学生的认知特点与高职教育教学改革》，《职业教育研究》2009 年第 11 期。

[238] 陈跃、谢秀军：《中国特色社会主义理论体系整体性逻辑研究》，《思想理论教育导刊》2017 年第 8 期。

[240] 夏江敬、汪勤：《高校学生思想政治教育工作协同研究》，《学校党建与思想政治教育》2020 年第 7 期。

[241] 张叶：《高校思想政治理论课与日常思想政治教育的融合路径研究》，《学术论坛》2020 年第 21 期。

[242] 冯刚、高静毅：《思想政治理论课与日常思想政治教育协同育人的实践维度考察》，《中国高等教育》2019 年第 17 期。

［243］冯刚：《思想政治理论课与日常思想政治教育协同育人的理论思考》，《学校党建与思想政治教育》2017年第11期。

［244］佘双好、魏晓辉：《影响大学生中国特色社会主义理论体系普及因素的模型分析》，《湖北社会科学》2016年第8期。

［245］何娟：《高中化学教师教学风格与学生课堂参与度的相关性研究》，延安大学硕士学位论文，2019年。

［246］卓乘风、邓峰、白洋、艾麦提江·阿布都哈力克：《区域创新与信息化耦合协调发展及其影响因素分析》，《统计与决策》2017年第19期。

［247］党锐锋：《思想政治理论课改革创新的主导性和主体性相统一研究》，《思想理论教育导刊》2019年第7期。

［248］吴衡、刘建军、赵文波：《混合教学对促进学习效果的实证研究》，《天水师范学院学报》2018年第2期。

［249］孙博文：《基于蓝墨云班课的分子生物技术课程过程性评价的研究》，《浙江医学教育》2018年第17期。

［250］吴潜涛、姜苏容：《坚持价值性和知识性相统一　推动思想政治理论课改革创新》，《思想理论教育导刊》2019年第7期。

［251］余丰玉：《思政课改革创新要坚持价值性和知识性相统一》，《中国高等教育》2019年第10期。

［255］陈念、毕四：《通论思想政治教育内容结构的体系建构》，《思想教育研究》2021年第12期。

［256］李忠军：《论社会主义核心价值观、中国精神与社会主义意识形态》，《社会科学战线》2014年第3期。

［257］吕洪珏、陈志勇：《中国共产党人精神谱系融入高校思想政治教育的价值内涵与实践路径》，《福建教育学院学报》2022年第1期。

［258］刘建军：《论思想政治教育内容的基本形态》，《思想理论教育导刊》2020年第9期。

［259］熊建生：《论思想政治教育内容形态的层次结构》，《思想理论教育导刊》2006年第9期。

［260］熊建生：《思想政治教育内容的逻辑建构》，《思想理论教育》2014年第2期。

［261］王莹、孙其昂：《论新时代基层思想政治工作教育内容的构建与创新》，

《思想教育研究》2021年第11期。

[262] 孔练光:《新形势下大学生思想政治教育的重点、难点问题研究——以广州城建职业学院为例》,《继续教育研究》2009年第2期。

[263] 何洪兵:《论高校思想政治理论课坚持主导性与主体性相统一》,《学校党建与思想教育》2019年第7期。

[264][265] 童瑛:《论政治课中开展探究式教学的必要性》,《和田师范专科学校学报》2006年第2期。

[266] 唐鸿飞:《基于网络的"思政课"探究式教学模式研究》,上海外国语大学硕士学位论文,2008年。

[267] 罗术通:《VR教学在教育上的现实意义》,《数字通信世界》2021年第3期。

[268] 张腾:《情境体验式教学在高中思想政治课中的运用》,华中师范大学硕士学位论文,2020年。

[269] 何甜:《高中思想政治课运用体验式教学的问题与对策研究》,西南大学硕士学位论文,2021年。

[270] 李佳:《参与式教学法在思想政治课教学中的应用研究》,鞍山师范学院硕士学位论文,2018年。

[271] 李晓潇:《高校思想政治理论课教学中参与教学研究》,中国地质大学硕士学位论文,2010年。

[272] 秦楠:《互联网背景下混合式教学模式建构研究》,山东师范大学硕士学位论文,2017年。

[273] 杨志超:《高校思想政治理论课混合式教学模式的建构路径探析》,《思想教育研究》2016年第6期。

[274] 喻长志:《高校思想政治理论课实践教学对策研究》,《学校党建与思想政治教育》2019年第8期。

[275] 陶利江:《论高校思政课实践教学深度体验的层次结构、制约因素及破解路径》,《河南社会科学》2020年第11期。

[276][280] 马福运、侯艳娜:《深度整合"四位一体"立体化实践教学模式探索》,《河南社会科学》2020年第5期。

[277] 冯刚、陈梦霖:《高校思政课实践教学的内涵、价值及其实现》,《学校党建与思想教育》2021年第18期。

［278］薛伟芳：《高校思政课分层实践教学的探索与思考》，《新余学院学报》
2018 年第 4 期。

［279］沈蕾：《产教融合、校企合作背景下高职院校思政课教学改革创新探
究——〈国家职业教育改革实施方案〉学习启示》，《思想教育研究》2020
年第 2 期。

［281］［286］《现代汉语词典》（第 6 版），商务印书馆 2012 年版，第 1318、1620
页。

［282］仓道来：《思想政治教育学》，北京大学出版社 2004 年版，第 839 页。

［283］孙其昂：《思想政治教育学基本原理》，河海大学出版社 2004 年版，第
189—190 页。

［285］程卫国：《论拓展大学生思想政治教育途径的价值蕴涵》，《学校党建与
思想教育》2007 年第 5 期。

［287］思想政治教育学原编写组：《思想政治教育学原理》（第二版），高等教
育出版社 2018 年版，第 250—280 页。

［288］张淑艳、金鑫：《思想政治教育融入校园文化活动的途径探索——以吉
林大学为例》，《新西部》2019 年第 18 期。

［289］史洁、冀伦文、朱先奇：《校园文化的内涵及其结构》，《中国高教研究》
2005 年第 5 期。

［290］刘力：《高校学生思想政治教育管理载体论析》，《学校党建与思想教育》
2010 年第 7 期。

［291］罗曼：《高校管理育人载体运用探究》，《教育教学论坛》2021 年第 48
期。

［293］张璇璇：《系统论视域下高校思想政治教育载体融合的路径探析》，《学
校党建与思想教育》2021 年第 17 期。

［294］张宝君、刘静涵：《"互联网＋"背景下高校学生"理论认同教育"微载
体探究》，《吉林师范大学学报》（人文社会科学版）2016 年第 1 期。

［295］莎日娜：《大宣传格局下加强高校新媒体整合发展的路径探析》，《思想
教育研究》2016 年第 1 期。

［296］张宝君、郎爽：《全媒体视域下高校学生"理论认同教育"微载体"四
全"生态格局建构理路》，《吉林师范大学学报（人文社会科学版）》2022
年第 3 期，第 105—111 页。

［297］兰岚：《加强高校"理论认同教育"载体融合的路径探究》，《福建教育学院学报》2019 年第 4 期。

［298］高盛楠、吴满意：《试论高校"理论认同教育"的数据化转型》，《思想教育研究》2021 年第 96 期。

［299］刘建军：《论思想政治理论课教育教学的本质特征与基本要求——习近平考察中国人民大学相关重要论述的理论阐释》，《思想政治课研究》2022 年第 3 期。

［300］甘艳：《新时代高校思政课教师队伍建设的历程、经验与启示》，《湖北社会科学》2021 年第 8 期。

［301］柴葳、于珍：《锻造新时代铸魂育人的关键力量——全国各地各校思政课教师队伍建设综述》，《中国教育报》2020 年 3 月 16 日。

［302］［307］［308］邓晖：《"引路人"数量破十万，发展中的问题如何解决——高校思政课教师发展状况调研》，《光明日报》2021 年 1 月 28 日。

［303］［305］孙竞、郝孟佳：《教育部：全国高校马院已有 1440 余家　思政课专兼职教师超过 12.7 万人》，载人民网，http://www.moe.gov.cn/fbh/live/2022/54301/mtbd/202203/t20220317_608432.html，2022 年 3 月 17 日。

［304］［306］［309］［310］冯琪：《教育部：高校思政课专兼职教师超过 12.7 万人》，载新浪教育网，https://edu.sina.com.cn/l/2021-12-08/doc-ikyamrmy7647644.shtml，2021 年 12 月 8 日。

［311］《教育部社科司关于 2022 年度高校思想政治理论课教师研究专项一般项目立项的通知》，载中华人民共和国教育部网站，http://m.moe.gov.cn/s78/A13/tongzhi/202208/t20220817_653274.html，2022 年 8 月 16 日。

［312］《2022 年度国家社科基金高校思政课研究专项立项名单公布》，载全国哲学社会科学工作办公室网站，http://www.nopss.gov.cn/n1/2022/1125/c431029-32574593.html，2022 年 11 月 25 日。

［313］王敏、徐露璐：《大学生日常思想政治教育与思想政治理论课教学的协同性思考》，《大学教育》2016 年第 2 期。

［314］冯秀军：《新时代高校思政课教师队伍建设难点及其突破》，《国家教育行政学院学报》2021 年第 1 期。

［315］王娟：《筑牢高校思想政治理论课教师队伍的鲜明政治底色》，《学校党建与思想教育》2020 年第 3 期。

［316］梁莹：《新时代高校思政课教师队伍建设的逻辑》，《中学政治教学参考》2020 年第 9 期。

［317］雷虎强：《高校思想政治理论课教师队伍建设的基本路径》，《思想理论教育导刊》2019 年第 8 期。

［320］卢黎歌：《新时代推进构建人类命运共同体》，人民出版社 2019 年版，第 351 页。

［326］沈定军：《中国特色社会主义理论下的高校大学生思想政治教育工作分析》，《黑龙江教师发展学院学报》2020 年第 3 期。

［328］《教育部等八部门关于加快构建高校思想政治工作体系的意见》，载中国政府网，http://www.gov.cn/zhengce/zhengceku/2020-05/15/content_5511831.htm，2020 年 4 月 22 日。

［330］孔亭：《铸牢中华民族共同体意识机制建构的四个维度》，《中南民族大学学报》（人文社会科学版）2022 年第 6 期。

［331］李宏喜：《浅析如何构建以学校、家庭、社区为主体的三位一体青少年心理健康教育模式》，《教育界》2020 年第 38 期。

［332］唐慧：《高等教育中法律基础课的功能定位》，《河南社会科学》2010 年第 3 期。

［333］沈蕾：《铸牢中华民族共同体意识的法治路径研究》，《乌鲁木齐职业大学学报》2022 年第 1 期。

［334］佘双好、马桂馨：《新征程思想政治教育理论的发展创新》，《思想政治教育研究》2022 年第 5 期。

［335］吴正国、侯勇：《新时代高校思想政治教育制度化建设探究》，《思想教育研究》2019 年第 9 期。

［336］韩志明：《从"互联网＋"到"区块链＋"：技术驱动社会治理的信息逻辑》，《行政论坛》2020 年第 4 期。

［337］冯刚等：《高校思想政治教育工作质量评价研究》，人民出版社 2020 年版，第 232—247 页。

［338］王国宁、孟凡丽：《城市社区铸牢中华民族共同体意识常态化机制构建》，《中南民族大学学报》（人文社会科学版）2022 年第 7 期。

后 记

　　本书为 2018 年度教育部人文社会科学研究规划基金新疆项目《新疆高职院校大学生中国特色社会主义理论认同教育研究》（项目批准号：18XJJAZH001）的最终成果。能够完成本项课题的研究，首先得益于教育部社会科学司的大力支持，在此表示衷心感谢。

　　本书是集体智慧的结晶，其完成离不开课题科研团队的积极配合与大力支持。本书的第二章《高职院校大学生中国特色社会主义理论认同教育的理论基础》由陕西省社会科学院郑嘉禹博士与本人共同撰写，第三章《高职院校大学生中国特色社会主义理论认同教育的历史发展和基本经验》由本人与乌鲁木齐职业大学讲师朱小乐共同完成，第四章《高职院校大学生中国特色社会主义理论认同的机制》的第一、二节以及第三节第一目的有关内容由乌鲁木齐职业大学讲师马丽莉撰写，第六章《高职院校大学生中国特色社会主义理论认同的影响因素实证分析》第二、三和四节的有关内容由乌鲁木齐职业大学王雪萍教授与本人共同撰写，第十一章《高职院校大学生中国特色社会主义理论认同教育的环境系统优化》由郑嘉禹博士与乌鲁木齐职业大学哈克木·阿里甫汗副教授共同撰写，第十二章《高职院校大学生中国特色社会主义理论认同教育机制建设》由陕西中医药大学欧阳静教授撰写，本书其余章节均由本人撰写。此外，乌鲁木齐职业大学的杨超老师为第十二章查找参考文献，搭建写作框架，提供了撰写思路。在此，本人对课题组成员的辛勤付出表示衷心的感谢。

　　本书的完成要感谢新疆大学杨丽教授、新疆艺术学院刘玉琼教授以及乌鲁木齐职业大学詹春燕教授、刘畅副教授的关心、批评和指正。

杨丽教授从总体框架、关键概念的厘清和研究方法等方面给予耐心指导，刘玉琼教授对文章中的一些观点多次与本人商榷，为深化相关研究拓展了研究思路。乌鲁木齐职业大学詹春燕教授、刘畅副教授对本书进行仔细阅读，对存在的不足和缺点一一指出。本书的完成还离不开中山大学博士后流动站卓乘风博士的悉心指导和大力支持，卓乘风博士具体指导本书的实证研究部分，提出了建设性意见。此外，新疆科技学院贾振霞副教授、阿克苏职业技术学院吴怀林等教师为课题调研提供了帮助。

在本人写作期间，乌鲁木齐职业大学党委委员、副校长李润芝、马克思主义学院书记王金生等领导也给予很多帮助，免除了本人很多后顾之忧。此外，对郭芸、兰雪雪等年轻教师给予校对等诸多帮助表示诚挚的谢意。

最后，感谢我的家人对我的理解和支持。本人与爱人汤斌武结婚25年来，他对我常年忙于教学和科研工作非常理解和支持，主动承担起照顾幼女和体弱多病父亲的生活重担，他是我战胜困难和挫折的精神支柱，我要对我的家人真心地说声谢谢。

本人从2005年进入大学工作，到2023年本书书稿完成之时，已经从事马克思主义理论与思想政治教育的教学、研究和宣传整整18年，本书算是对我教育教学工作的一个总结。由于时间匆忙，加之本人能力有限，尽管拼尽全力，但是书中难免有不少错误和不足之处，敬请各位读者批评指正。

沈 蕾

2023 年 9 月 10 日

图书在版编目(CIP)数据

高等职业院校大学生中国特色社会主义理论认同教育
研究/沈蕾等著. —上海:上海人民出版社,2023
ISBN 978 - 7 - 208 - 18426 - 8

Ⅰ.①高… Ⅱ.①沈… Ⅲ.①大学生-思想政治教育
-研究-中国 Ⅳ.①G641

中国国家版本馆 CIP 数据核字(2023)第 134177 号

责任编辑 周 珍
装帧设计 陈绿竞

高等职业院校大学生中国特色社会主义理论认同教育研究
沈 蕾 等 著

出 版 上海人民出版社
   (201101 上海市闵行区号景路 159 弄 C 座)
发 行 上海人民出版社发行中心
印 刷 苏州市古得堡数码印刷有限公司
开 本 720×1000 1/16
印 张 15.5
插 页 2
字 数 204,000
版 次 2023 年 10 月第 1 版
印 次 2023 年 10 月第 1 次印刷
ISBN 978 - 7 - 208 - 18426 - 8/G・2158

定 价 68.00 元